유니티 게임 레벨 디자인

유니티 게임 레벨 디자인

유니티 5로 만드는 멋진 3D 게임 월드

볼로디미르 게라시모프 지음 | 고은혜 옮김

지은이 소개

볼로디미르 게라시모프^{Volodymyr Gerasimov}

게임 디자이너, 개발자, 프로듀서로서 홀리마운틴 게임스^{Holymountain Games}, 베스트 웨이 소프트^{Best Way Soft}, 게임로프트^{Gameloft} 등에서 여러 편의 타이틀을 작업했다. 유니티의 초기 버전을 처음 접한 이후 개인 프로젝트와 독립 스타트업을 위한 강력하고 유연하며 가격 합리적인 솔루션으로서 지금까지 유니티를 줄곧 사용하며 그 사용법을 연구하고 있다. 팩트출판사의 『자바스크립트로 하는 유니티 게임 프로그래밍』(에이콘, 2014)을 공동 저술했다. 개인 블로그(blog.vladgerasimov.com)에서 최근 소식을 확인할 수 있다.

기술 감수자 소개

딜런 애지스^{Dylan Agis}

프로그래머이자 게임 디자이너로, 라이프가드 게임스^{Lifeguard Games}에서 근무하고 있다. 현재 〈웰라펫^{WellaPets}〉을 비롯해 몇 개의 개인 프로젝트를 진행 중이다. C++와 C# 뿐 아니라 유니티에도 경험이 풍부하며, 문제 해결을 특히 좋아한다. 팩트출판사의 『마스터링 유니티 5.x 스크립팅^{Mastering Unity 5.x Scripting}』을 기술 감수했다.

> 다시 한 번 기술 감수를 맡겨준 팩트출판사에 감사의 말씀을 전한다.

아틸리오 카로테누토^{Attilio Carotenuto}

노련한 게임 디자이너 겸 개발자로 런던에 거주하고 있다. 너무나 오랜 시간 동안 여러 게임을 플레이한 끝에 게임을 직접 만들어보기로 결심했으며, 현재 히메키 게임스^{Himeki Games}의 사장이자 유일한 개발자로서 아직 출시되지 않은 PC, 모바일, 콘솔용 하드코어 게임을 유니티를 활용해 만들고 있다.

스페이스 에이프 게임스^{Space Ape Games}에서 유니티를 활용해 여러 모바일 게임 제작에 참여하기도 했다. 그 전에는 킹^{King}의 〈팜 히어로 사가^{Farm Heroes Saga}〉, EA의 〈플레이피쉬^{Playfish}〉를 개발했으며, 〈심즈^{The Sims}〉라는 브랜드의 소셜 게임과 관련 툴도 만들었다.

팩트출판사의 『유니티 3D UI 에센셜^{Unity 3D UI Essentials}』(프리렉, 2016)과 『Unity 3D Game Develop ment by Example 한국어판』(에이콘, 2011)의 기술 감수자로 참여한 바 있다.

최근 프로젝트와 튜토리얼, 기고 목록은 개인 웹사이트(www.attiliocarotenuto.com)에서 찾아볼 수 있다.

자비에 가르시아 라자라 헤레로 Javier García-Lajara Herrero

스페인에서 붐을 일으키고 있는 비디오 게임 업계에 종사하면서 파이로 스튜디오 Pyro Studios의 〈코만도 사가 Commandos saga〉에 참여해 아티스트로서 기량을 향상시킨 후 버추얼 토이스 Virtual Toys, 비툰 Bitoon, 언유주얼 스튜디오 Unusual Studios에서 다양한 업무를 맡으며 이력을 쌓았다.

현재는 유타드 공과 대학 U-Tad University of Technology에서 교수로 재직하고 있다.

기술 발전에 항상 열정적이며 게임, 가상 현실, 물체의 항공 사진 측량, 드론 환경에 대한 새로운 제안을 바탕으로 연구 개발한다.

개인 블로그(blog.vladgerasimov.com)를 운영 중이며, 트위터 계정은 @Prf_Moriarty다.

라이언 왓킨스 Ryan Watkins

촉망받는 경량 사이클리스트다. 자세한 정보는 https://www.linkedin.com/in/ryanswatkins에서 볼 수 있다.

옮긴이 소개

VIVIAN

고은혜(eunego91@gmail.com)

동국대학교에서 영어영문학을 전공했다. 졸업 후 12년간 서구권 TV 애니메이션 제작사에서 통번역을 담당하며 미디어 콘텐츠 분야의 경력을 쌓았다. 이후 게임 개발/퍼블리셔 웹젠Webzen을 시작으로 게임 분야에 몸담았으며, 영미권 개발 스튜디오의 게임 개발 자료design documents 번역에서 게임 로컬라이제이션으로 활동 영역을 넓혔다. 미국의 게임 개발사 라이엇 게임즈Riot Games에서는 로컬라이제이션 팀장을 맡아 지난 4년여간 인기 온라인 게임 〈리그 오브 레전드League of Legends〉의 한국 런칭부터 제반 게임 콘텐츠와 공식 홈페이지의 게임 소개를 아우르는 해당 게임 관련 미디어 콘텐츠의 한글화를 총괄했다. 현재는 게임 및 IT 서적 전문 번역가로 일하며, 게임로프트Gameloft 사의 여러 모바일 게임 콘텐츠를 한글화하고 다양한 IT 서적을 번역한다. 독립 IT 기술자의 저술 강연 상호부조 네트워크 GoDev의 일원이다.

옮긴이의 말

유니티는 쉽고 강력한 게임 엔진으로, 많은 독립 게임 개발자들의 꾸준한 사랑을 받고 있다. 특히 도와줄 레벨 디자이너가 없는 1인 독립 개발자나 소규모 개발 팀이라면 잠재적 투자자나 동료들에게 새로운 게임 아이디어를 피칭할 때 간단한 레벨 디자인은 직접 해야만 할 것이다. 이때 실제로 동작하는 몇 개의 레벨이 포함돼 있다면 여러분의 게임 아이디어를 더 효과적으로 전달할 수 있을 뿐 아니라, 게임을 제대로 구현해낼 충분한 실력을 갖췄다는 평가도 덤으로 얻을 수 있다. 연습 삼아 레벨 디자인을 공부해보고 싶은 아티스트나 실제로 레벨 디자인을 어떤 수준으로든 해내야 하는 기획자라면, 이 책에서 제공하는 다양한 예제와 쉬운 설명을 통해 유니티 5로 새로운 3D 세계를 직접 만들어낼 수 있을 것이다.

이 책은 레벨 디자인에 필요한 유니티 에디터와 툴의 기본적인 용어 및 개념을 설명한 후 예제를 따라 하는 형식으로 구성돼, 전문 지식이 없어도 익히기에 어렵지 않다. 책을 번역하면서, 십여 년 전 학원에서 처음으로 3Ds 맥스 강좌를 들으며 화면에 3D 오브젝트가 만들어지는 것을 보고 신기해 했던 기억이 떠올랐다. 당시에는 강의를 따라가기도 벅차서 3D 기술이란 어려운 것이라고만 생각했는데, 유니티 엔진은 당시의 3D 툴보다 사용법이 훨씬 쉬워 기술이 얼마나 발전했는지 실감하게 해준다. 3D 툴에 익숙한 아티스트라면 나보다 훨씬 쉽게 레벨 구축에 적응할 수 있을 것이다.

차례

들어가며

독자 여러분은 이제 막 유니티^{Unity}를 설치하고 나서 어디부터 시작해야 할지 모르거나, 이 엔진의 버전 5에는 어떤 새로운 기능이 있는지 알고 싶은 분들일 것이다. 유니티가 처음으로 사용해보는 게임 엔진인 터라 도움이 필요하든, 이전에 쓰던 것과 다른 이 엔진에 편안하게 적응하고 싶든 간에 이 책은 여러분의 기대에 부응할 것이다. 이 책에서는 외부 환경을 생성하고 실용적인 예제를 따라 하면서 차근차근 연관된 툴과 기능을 배운 다음, 실제 과제를 완수하면서 학습한 내용을 확실히 다져본다. 부록으로 제공되는 파일을 통해 관심 있는 어떤 장에서든 시작할 수 있고, 튜토리얼을 끝까지 완료하고 싶지 않더라도 나중에 확인해볼 수 있다. 이 책을 끝까지 읽고 나면, 시장에서 최고로 여겨지는 이 엔진에 레벨 디자인, 애니메이션, 모델링 등의 지식을 적용할 수 있게 될 것이다.

이 책에서 다루는 내용

1장. 유니티 소개 이 책 전반에 걸쳐 활용하게 될 유니티 에디터와 기본 툴들을 소개한다. 시작 프로젝트의 생성으로 시작한 후 사용할 수 있는 창, 매개변수, 씬 내비게이션, 패키지 임포트에 대해 설명하고, 커스텀 창 레이아웃 조정을 과제로 남기며 끝낸다.

2장. 프롭 가져오기와 환경 설정 3D 모델링 앱에서 만든 애셋을 익스포트하는 과정과 이를 유니티로 임포트하는 과정을 다룬 후 설정, 튜닝, 일반적 오류의 문제 해결을 설명한다. 이 장의 끝에서는 유니티 5에 도입된 새로운 것들을 살펴보고 임포트한 애셋에 LOD를 설정해본다.

3장. 풍경 만들기 외부 환경의 지형을 생성하는 과정으로 들어가서 나뭇잎, 물, 스카이박스, 나무도 만들어본다.

4장. 기본 애니메이션 처리 유니티 5에서 애니메이션을 어떻게 처리하는지 처음으로 살펴본다. 레거시 시스템과 그 이용에 따른 장단점을 살펴보고, 프롭^{prop}을 위한 애니메이션을 임포트한 후 스크립트를 트리거해본다.

5장. 유니티로 캐릭터 가져오기 유니티로 캐릭터를 임포트할 때 잘못하면 많은 문제가 생길 수 있으므로, 인간형 캐릭터를 임포트하는 전체 과정을 안내하고 메카님^Mecanim 시스템을 위한 준비 작업을 한다.

6장. 고급 애니메이션을 위한 메카님 이용 모션 캡처 애니메이션을 이용하고 기본 운동 상태 컨트롤을 만들어 메카님의 위력을 보여준다.

7장. 월드 라이팅 내장형 라이팅으로 무엇을 할 수 있는지 설명하고, 내부 씬 라이팅에는 어떤 한계가 있는지 알아본다. 실시간 글로벌 일루미네이션은 유니티의 렌더링 성능을 엄청나게 향상시킨다. 또한 라이트 프로빙^light probing, 리플렉션 프로브^reflection probe, 라이트맵핑^lightmapping, 프로젝터^projector, 라이트 쿠키^light cookie, 후광^halo, 렌즈^lense 등의 기능도 살펴본다.

8장. 소리 입히기 사운드가 어떻게 작용하는지 논의하고, 오디오 믹서를 이용해 우리 레벨에 앰비언트 사운드^ambient sound와 음악을 설정해본다.

9장. 파티클 시스템 탐험 파티클 시스템 생성의 실용적인 예, 추천 방식, 팁과 비법을 제공하고, 제공된 리소스로 직접 파티클을 생성해본다. 파티클은 재미있는 작업이지만, 파티클 에디터에 있는 다양한 옵션에 압도될 수도 있다.

10장. 최종 편집과 빌드 캐릭터가 레벨 여기저기를 걸어다니게 하고, 프로젝트와 품질 세팅, 우리 레벨의 플레이어블^playable 빌드 완료 등을 다룬다.

준비 사항

이 책을 위해 필요한 소프트웨어는 유니티 5.0.1 하나뿐이다. 책에서 제시한 예제와 튜토리얼은 대부분 이전 버전 유니티와는 호환되지 않는다. 2D 드로잉과 3D 모델링 소프트웨어로 튜토리얼의 일부를 따라 할 수는 있지만, 필수적이진 않다. 접근성을 위해, 무료로 다운로드할 수 있는 GIMP 2와 블렌더 2.73을 예제로 들었지만, 비슷한 앱(포토샵, 마야, 3Ds 맥스 등)을 원하는 대로 사용해도 좋다.

이 책의 대상 독자

이 책은 프로그래밍 경험이나 유사 게임 플랫폼에 대한 충분한 지식 없이도 읽을 수 있으며, 유니티에서 레벨을 디자인해보고 싶은 게임 아티스트에게 알맞다.

편집 규약

이 책에서는 독자의 이해를 돕고자 다루는 정보에 따라 글꼴 스타일을 다르게 적용했다. 이러한 스타일의 예와 의미는 다음과 같다.

화면상에 표시되는 메뉴나 버튼은 다음과 같이 표기한다.

"지금은 비어있는 상태이므로, 상단 오른쪽에 있는 **New Project** 버튼을 눌러 프로젝트를 하나 생성해보자."

 경고나 중요한 노트는 이와 같이 나타낸다.

 팁과 요령은 이와 같이 나타낸다.

독자 의견

독자로부터의 피드백은 항상 환영이다. 이 책에 대해 무엇이 좋았는지 또는 좋지 않았는지 소감을 알려주기 바란다. 독자 피드백은 독자에게 필요한 주제를 개발하는 데 매우 중요하다. 일반적인 피드백을 우리에게 보낼 때는 간단하게 feedback@packtpub.com으로 이메일을 보내면 되고, 메시지의 제목에 책 이름을 적으면 된다.

여러분이 전문 지식을 가진 주제가 있고, 책을 내거나 책을 만드는 데 기여하고 싶다면 www.packtpub.com/authors에서 저자 가이드를 참조하기 바란다.

고객 지원

팩트출판사의 구매자가 된 독자에게 도움이 되는 몇 가지를 제공하고자 한다.

예제 코드 다운로드

이 책에 사용된 예제 코드는 http://www.packtpub.com의 계정을 통해 다운로드할 수 있다. 다른 곳에서 구매한 경우에는 http://www.packtpub.com/support를 방문해 등록하면 파일을 이메일로 직접 받을 수 있다. 또한 에이콘출판사의 도서정보 페이지인 http://www.acornpub.co.kr/book/building-levels-unity에서도 예제 코드를 다운로드할 수 있다.

컬러 이미지 다운로드

이 책에서 사용된 스크린샷/다이어그램의 컬러 이미지를 PDF 파일로 제공한다. 컬러 이미지는 출력 결과의 변화를 이해하는 데 큰 도움이 될 것이다. http://www.packtpub.com/sites/default/files/downloads/2843OT_ColorImages.pdf에서 다운로드할 수 있다.

정오표

내용을 정확하게 전달하기 위해 최선을 다했지만, 실수가 있을 수 있다. 팩트출판사의 도서에서 문장이든 코드든 간에 문제를 발견해서 알려준다면 매우 감사하게 생각할 것이다. 그런 참여를 통해 그 밖의 독자에게 도움을 주고, 다음 버전의 도서를 더 완성도 높게 만들 수 있다. 오탈자를 발견한다면 http://www.packtpub.com/submit-errata를 방문해 책을 선택하고, 구체적인 내용을 입력해주길 바란다. 보내준 오류 내용이 확인되면 웹사이트에 그 내용이 올라가거나 해당 서적의 정오표 부분에 그 내용이 추가될 것이다. http://www.packtpub.com/support에서 해당 도서명을 선택하면 기존 정오표를 확인할 수 있다. 한국어판은 에이콘출판사 도서정보 페이지 http://www.acornpub.co.kr/book/building-levels-unity에서 찾아볼 수 있다.

저작권 침해

인터넷에서의 저작권 침해는 모든 매체에서 벌어지고 있는 심각한 문제다. 팩트출판사에서는 저작권과 사용권 문제를 아주 심각하게 인식한다. 어떤 형태로든 팩트출판사 서적의 불법 복제물을 인터넷에서 발견한다면 적절한 조치를 취할 수 있도록 해당 주소나 사이트명을 알려주길 부탁한다. 의심되는 불법 복제물의 링크는 copyright@packtpub.com으로 보내주길 바란다. 저자와 더 좋은 책을 위한 팩트출판사의 노력을 배려하는 마음에 깊은 감사의 뜻을 전한다.

질문

이 책과 관련해 질문이 있다면 questions@packtpub.com으로 문의하길 바란다. 최선을 다해 질문에 답하겠다. 한국어판에 관한 질문은 이 책의 옮긴이나 에이콘출판사 편집 팀(editor@acornpub.co.kr)으로 문의해주길 바란다.

1
유니티 소개

이 책이 안내하는 세계에 온 것을 환영한다! 이 책은 완전한 레벨 구축법을 시작부터 끝까지 차근차근 안내한다. 아티스트, 모델러, 애니메이터, 게임 디자이너로부터 게임 엔진이란 용어를 한 번도 들어본 적 없는 사람에 이르기까지 에디터 기능, 애셋 임포트, 캐릭터 튜닝, 지형 생성, 오디오, 라이팅 등 수많은 흥미로운 정보를 찾을 수 있도록 구성했다. 각 장마다 주어진 주제에 따라 탄탄한 기본기를 쌓고, 한층 고급인 자료를 찾아볼 준비를 마칠 수 있도록 하는 데 중점을 뒀다. 책의 예제를 따라 하고 부록으로 제공되는 다운로드 콘텐츠를 이용하면 완전히 플레이할 수 있고 제대로 튜닝된 3D 환경을 만들 수 있게 될 것이다.

이 장에서는 다음 주제를 다룬다.

- 유니티 에디터 내비게이션
- 첫 프로젝트 생성
- 내장형 프리미티브^{primitive} 생성과 이용법
- 게임오브젝트^{GameObject}의 이용법과 목적, 이를 처리하기 위해 필요한 모든 것

앞으로 배워나가는 데 필요한 모든 기본기를 다루고, 제대로 구현된 레벨로 만들어질 프로젝트를 셋업해보자. 그럼 시작해보자!

프로젝트 시작

독자들은 이미 유니티를 다운로드해 등록 프로세스를 마쳤을 것이다. 이제 프로그램을 실행하면 Projects 화면이 뜰 것이다. 여기에 향후 만들 모든 프로젝트가 들어가게 된다. 지금은 비어있는 상태이므로, 상단 오른쪽에 있는 New Project 버튼을 눌러 프로젝트를 하나 생성해보자.

그러면 프로젝트 이름을 입력하고 하드디스크 드라이브 저장 위치를 설정하는 새로운 창이 열린다.

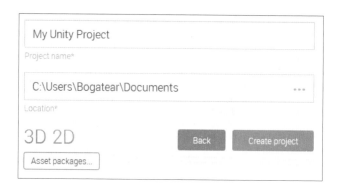

근사한 이름 짓기는 독자에게 맡기고 일단 My Unity Project라 입력한 다음, 디폴트 Location(저장 위치)도 그대로 두겠다. 디폴트로 프로젝트가 3D 공간이 되도록 3D 옵션을 선택한 상태로 두고, Create Project 버튼을 눌러 계속 진행한다.

이 시점에는 패키지 임포트에 대해 신경 쓸 필요가 없다. 패키지는 나중에 언제든 임포트할 수 있다. 이미 프로젝트가 있다면 상단 메뉴에서 File ➤ New Project를 선택해 새로운 프로젝트를 생성할 수 있다.

창

이제 유니티 에디터를 간략히 알아보며 기본 툴과 기능을 모두 살펴보자. 특히 이번 기회에 유니티 엔진을 처음 시작하는 독자라면, 지금 바로 모든 것을 외울 필요는 없다. 어떤 것을 할 수 있고 어떤 툴이 준비돼 있는지 알아두기만 하면 충분하다. 이런 툴들은 책의 후반에서 상세히 설명할 테니 모두 다 기억하려는 부담을 느낄 필요는 없다.

유니티를 처음 열면 항상 다음과 같은 디폴트 레이아웃을 보게 된다.

디스플레이 창이 굉장히 많다. 이 책에서 앞으로 나올 스크린샷 예시들은 위 그림에서 붙인 이름에 따라 부를 예정이므로, 무엇을 말하는지 애매할 때는 이 페이지를 참조하면 된다.

씬 창

씬Scene 창을 통해 레벨에서 오브젝트들을 배치, 선택, 편집할 수 있다. 빠르고 편하게 레벨 구축을 처리할 수 있도록 디자인된 샌드박스sandbox와도 같으며, 아티스트/디자이너라면 대부분의 작업을 여기에서 하게 된다.

씬 내비게이션

씬 창에서 내비게이션하는 방법은 여러 가지인데, 일부는 다른 앱을 사용할 때와 비슷할 테지만 유니티 에디터에서만 볼 수 있는 독특한 것도 있다.

화살표 키 내비게이션

키보드 내비게이션 시에는 화살표 키로 환경을 통과해 걸어가는 것을 시뮬레이션한다. 앞이나 뒤로 이동할 때는 위아래 화살표 키를, 왼쪽이나 오른쪽으로 팬pan할 때는 왼쪽과 오른쪽 화살표 키를 쓰면 된다. Shift 키를 누르고 있으면 이동 속도가 상당히 빨라진다. 이 키는 별로 쓸 일이 없겠지만, 좋은 기능이긴 하다. 단축키를 설정하고 싶다면 씬 창을 선택해 활성화해야 하는데, 해당 창을 마우스 왼쪽 버튼으로 클릭하기만 하면 된다.

마우스 내비게이션

내비게이션에는 마우스를 가장 흔히 사용한다. 다음과 같은 컨트롤 옵션들이 있다.

- 마우스 가운데 버튼을 누른 채 드래그해 팬 이동
- **Alt + 마우스 왼쪽 버튼**을 누른 채 드래그하면 화면 중앙을 중심으로 회전
- **Alt + 마우스 오른쪽 버튼**을 누른 채 드래그하거나 마우스 휠을 스크롤하면 확대 축소
- Shift 키를 누르고 있으면 내비게이션 속도 증가

툴바Toolbar의 Hand Tool 아이콘은 팬, 회전, 줌을 차례로 변경해준다.

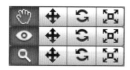

비행

비행Flythrough 모드는 일인칭 시점으로 레벨을 날아다닐 수 있게 해준다.

비행 모드로 들어가려면 마우스 오른쪽 버튼을 누른 채 다음을 활용한다.

- WASD 키로 전방, 후방, 양옆으로 이동
- 마우스로 주위 둘러보기
- E와 Q 키로 올라가거나 내려가기

Shift 키를 누르고 있으면 비행 속도가 빨라진다. 이 내비게이션 방법은 화살표 키 사용과 비슷하지만 훨씬 유연하다. 그렇지만 일반적인 방식보다는 훨씬 생소할 것이다.

기즈모

씬 창의 상단 오른쪽에 있는 기즈모Gizmo는 여섯 개의 원뿔형을 클릭해 빠르게 카메라 위치를 변경하거나, 텍스트 또는 가운데에 있는 정육면체를 클릭해 Perspective 모드와 Isometric 모드를 오갈 수 있게 해준다.

비행 내비게이션은 Perspective 모드용으로 특별히 디자인된 것임에 유의하자. 기즈모는 3D 모드로 작업할 때만 활용할 수 있다.

씬 컨트롤 바에서는 다양한 레벨 보기 옵션을 선택할 수 있다.

왼쪽에 있는 드롭다운 메뉴에서 씬의 그리기 모드를 선택한다.

Shading 모드에서 가장 주목할 만한 세 가지 옵션은 다음과 같다.

- Shaded: 디폴트 모드로, 오브젝트의 표면에 텍스처를 그려준다.
- Wireframe: 오브젝트의 와이어프레임을 그려준다.
- Shaded Wireframe: 앞의 두 가지 모드를 합쳐서 표면, 텍스처, 와이어프레임을 그려준다.

그다음 세 개는 2D 모드, 라이팅, 오디오 토글 스위치다.

효과 버튼은 skybox, fog, flare, animated materials를 오갈 수 있게 해준다. 버튼을 클릭하면 동시에 모두 토글되며, 드롭다운 메뉴에서 클릭하면 각각 따로 제어할 수 있다.

Gizmos 메뉴는 오버레이 그래픽을 컨트롤할 수 있게 해준다. 그래픽의 visibility, control scale, grid를 토글할 수 있다. 이 메뉴는 내장형과 프로그래머가 만든 커스텀 기즈모를 모두 지원한다.

오른쪽에 있는 탐색 박스는 항목을 이름이나 유형별로 필터링하게 해준다. 탐색된 오브젝트는 그대로 있지만, 다른 모든 오브젝트는 회색조로 변하며 반투명해져서 필터링된 오브젝트만 뚜렷이 부각된다.

씬 창의 기본은 여기까지다. 대부분의 다른 옵션은 개발 중에는 사용할 일이 드물지만, 폴리싱 단계에 가까워질수록 편리해지는 기능이다.

게임 창

게임 창에서는 레벨의 최종 모습이 어떤지와 게임에서 어떻게 보이는지 확인할 수 있다. 씬 창과는 달리, 이 모드에서는 커스텀 카메라를 설정하고 그것을 통해 게임을 볼수 있다.

플레이 테스팅

툴바 중간에는 게임에서 레벨을 테스트할 수 있게 해주는 세 개의 컨트롤 버튼이 있다.

각각 재생Play, 일시 정지Pause, 스텝Step 버튼이다. 첫 번째 두 버튼은 이름 그대로며, 스텝은 게임을 짧은 시간 동안 플레이했다가 일시 정지하고 다음 클릭까지 정지 상태로 둔다.

재생 버튼을 클릭하면 게임 창이 활성화돼 씬 창을 대체한다.

테스팅 도중에 씬과 게임 창을 오갈 수 있으며, 최고의 효율을 위해 나란히 배치할 수도 있다. 이 기능은 이후 다시 다루겠다. 이 기능으로 디버깅 시 유연성이 커지며, 게임을 진행하면서 동시에 오브젝트들을 이동하고, 스크립트를 활성화하고, 적들을 배치할 수 있는 것이다. 하지만 재생 모드에서 적용한 변경은 테스팅을 멈추자마자 리셋되므로, 이런 변경을 할 때는 특히 주의해야 한다. 유니티 애셋 스토어Unity Asset Store에 있는 유용한 플러그인들을 다운로드하면 테스트 과정에서 적용한 변경을 자동 저장할 수도 있으며, 이런 플러그인의 활용은 전적으로 개인의 취향에 달려 있다.

게임 창 컨트롤

첫 번째 드롭다운 메뉴는 화면 종횡비aspect ratio를 조정한다. 이를 위해 사전 설정 중 하나를 고르거나 직접 종횡비를 생성할 수 있다. 특히 모바일 기기용 게임을 만들 때 유용한 기능이다.

스크린샷의 메뉴들은 다음과 같다.

- Maximize on Play: 플레이 테스팅을 할 때는 이 버튼으로 풀스크린 모드를 토글할 수 있다.
- Mute audio: 메뉴명 그대로 오디오를 음소거한다.
- Stats: 최적화 작업에 참고하면 유용한 렌더링 통계rendering statistics를 보여준다.
- Gizmos: 이 메뉴는 씬 창에 있는 것과 똑같다. 플레이 테스팅 시 매우 유용한데, 예를 들어 트리거trigger와 레이캐스트raycast 등을 볼 수 있게 해준다.

계층 창

계층^{Hierarchy} 창은 레벨의 콘텐츠를 보여준다. 레벨 안에 존재하는 모든 오브젝트가 이 계층 창에 표시된다.

Create 드롭다운 메뉴로 새로운 오브젝트를 생성하고, 다음의 방법을 이용해 빠르게 초점을 맞출 수 있다.

1. 계층 창에서 오브젝트들을 선택하기
2. 씬 창으로 마우스 커서 가져가기
3. F 키 누르기

이렇게 하면 카메라가 배정돼 선택한 오브젝트에 초점을 맞춘다.

인스펙터 창

씬이나 계층 창에서 오브젝트를 선택해 새로운 컴포넌트를 추가하고, 이후 인스펙터 ^{Inspector} 창에서 이를 편집한 후 매터리얼^{material}을 설정할 수 있다. 공용 스크립트^{public script} 변수 역시 소스 코드를 변경하지 않고 편집할 수 있다. 임포팅에 관련된 모든 작업과 프로젝트에 관련된 일부 설정도 역시 인스펙터 창에 나타난다.

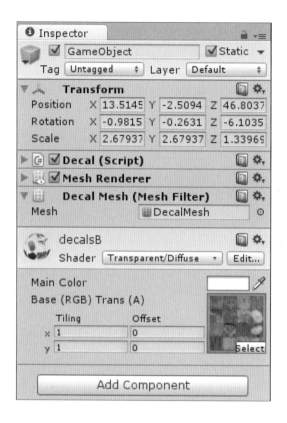

인스펙터 창에는 여러 종류의 값value, 레퍼런스reference, 어레이array, 컬러color, 그래디언트gradient, 커브curve 등의 속성이 들어있다. 그럼 처음 네 가지를 먼저 알아보자.

값은 가장 흔히 쓰이는 속성이다. 값은 드롭다운 메뉴, 체크박스, 텍스트 필드나 슬라이더로도 선택할 수 있다. 이 부분에서는 유니티가 여타 애플리케이션과 다르지 않으며 표준 수치, 불리언Boolean, 여러 가지 선택과 스트링만 넣으면 된다.

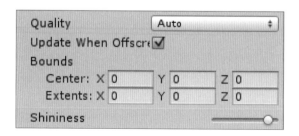

하지만 레퍼런스는 약간 까다롭다. 프로젝트, 계층, 혹은 씬 창에서 오브젝트나 컴포
넌트의 레퍼런스를 요구하기 때문이다.

레퍼런스는 오브젝트를 드래그 앤 드롭해서 레퍼런스 필드에 넣거나, 오른쪽에 있는
원을 이용해 오브젝트 피커object picker를 열고 배정할 수 있다.

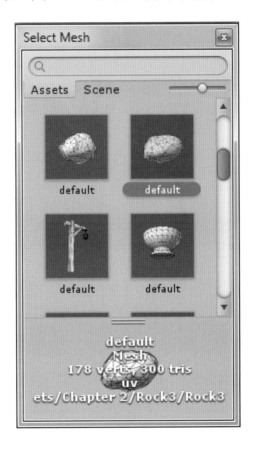

필요한 레퍼런스 타입이 컴포넌트라면 해당 컴포넌트가 부착된 오브젝트를 참조하는
것도 때로 가능하다는 점을 기억해두자. 그러면 레퍼런스는 해당 유형의 첫 번째 컴
포넌트에 배정된다. 컴포넌트에 대해서는 이 장의 후반부에서 다시 다루겠다.

어레이를 다룰 때는 그 사이즈Size를 어떻게 조절하는지 반드시 알고 있어야 한다. 값을 조금씩 늘려가면 어레이의 마지막 요소에서 속성properties을 상속하는 더 많은 요소들을 생성하게 된다. 하지만 값을 내리면 요소들이 완전히 삭제되므로, 사이즈를 다시 늘릴 때 새로 생기는 요소들은 값을 줄이기 전에 썼던 값이 아니라 마지막으로 남은 요소의 값을 적용하게 된다.

위 스크린샷을 보자. Size 파라미터를 3까지 늘리면 이전 Element 1처럼 Reference B를 참조해 값이 부여된 Element 2가 생긴다. 반면, 처음에 Size를 1로 줄인 후 다시 2로 올리면, Element 1의 레퍼런스는 Reference B에서 Reference A로 바뀐다.

색상은 일반적인 RGB 값이다. 스포이드 툴을 클릭하면, 화면에 마우스 포인터를 가져가서 좌클릭(마우스 왼쪽 버튼 클릭)으로 해당 색상을 선택할 수 있다.

아니면 컬러 피커color picker 툴을 열고 컬러 필드에 있는 색상을 클릭해 선택할 수도 있다. 여기에서 향후 사용할 프리셋 컬러 라이브러리를 만들 수도 있다.

뒤의 두 가지 속성은 흔히 쓰이진 않으며, 관련 항목이 나오면 다시 설명한다.

프로젝트 창

이 창은 계층 창과 비슷하지만 프로젝트에 존재하는 모든 애셋을 담고 있으며 프로젝트에 사용할 수 있다.

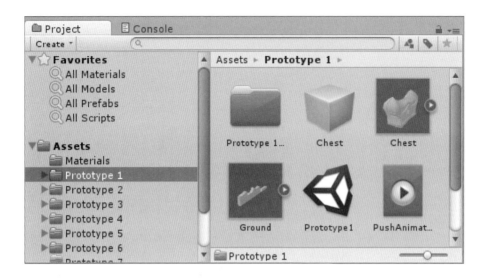

디폴트 프로젝트 창의 레이아웃은 유니티 버전 4에 새로 추가된 기능이다. 이 창은 두 개의 섹션으로 나뉜다. 왼쪽에는 폴더 계층과 Favorites(검색 기능) 목록이 있다. 오른쪽에는 폴더 내에 있는 오브젝트의 프리뷰가, 맨 위에는 루트의 폴더 위치가 표시된다.

여기에서는 씬, 계층, 인스펙터 창으로 애셋에 대한 선택, 정리, 드래그 앤 드롭이 가능하며, 왼쪽 위에 있는 Create 드롭다운 메뉴를 클릭해 새로운 개체를 생성할 수도 있다.

프로젝트에 커스텀 패키지 임포트

이 책의 내용을 계속 작업해 나가려면 유니티에 커스텀 패키지를 임포트하는 방법을 배워야 한다.

패키지는 기본적으로 한 개의 파일로 압축한 여러 애셋들을 뜻한다. 패키지는 데이터를 서로 다른 유니티 프로젝트 혹은 컴퓨터 간에 효율적으로 빠르게 이동할 수 있게 해준다.

패키지를 임포트하는 방법은 다음과 같다.

1. 프로젝트^{Project} 창의 빈 공간을 우클릭(마우스 오른쪽 버튼 클릭)하거나 상단 메뉴에서 Assets를 선택한다.

2. Import Package > Custom Package로 간다.

3. 개인 컴퓨터에 저장된 이 책의 파일들을 찾는다.

4. BuildingLevelsWithUnity.unitypackage 파일을 선택한 다음 **Open**을 클릭한다.

이제 창이 열리고 당신이 원하는 파일들을 선택해 임포트할 수 있다. import를 클릭하면 이 과정이 마무리된다.

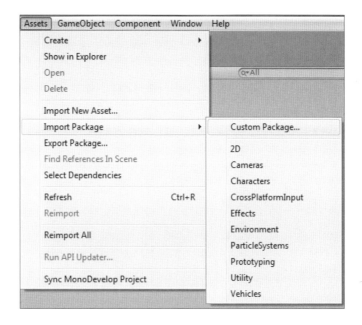

이제 패키지를 가져오는 방법을 익혔으므로 이 책의 자료를 활용할 수 있을 것이다.

검색

폴더에 있는 애셋들을 정렬하거나 이름, 종류, 라벨별로 검색해서 찾으려면 다음과 같이 한다.

1. 검색 필드에 키워드를 입력하면 해당 키워드가 들어있는 오브젝트들이 필터링된다.

2. 검색 필드의 오른쪽에 있는 **Type** 아이콘을 클릭해 유형별로 검색한다.

3. Label 아이콘을 클릭해 라벨별로 검색한다.

4. Save 버튼을 클릭하면 검색어구가 왼쪽 Farorites 목록에 저장된다.

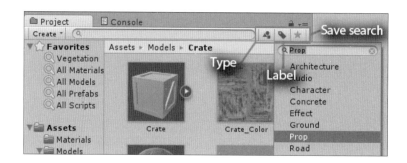

그런데 유니티의 검색은 이보다 훨씬 강력하다. Ctrl 키를 누른 채 유형 혹은 라벨의 다중 검색 쿼리를 조합하거나, 간단히 검색 필드에 입력만 해도 된다(타입은 t:typename, 라벨은 l:labelname, 키워드 입력으로 키워드 검색).

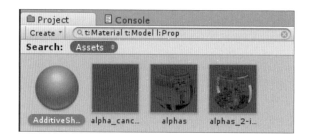

타입과 라벨은 2장, '프롭 가져오기와 환경 설정'에서 더 자세히 살펴보자.

커스텀 검색 만들기

이 검색 기능을 사용해 다음 조건에 맞는 오브젝트들을 찾아보자.

1. Type: Texture와 Model

2. Label: Vegetation

3. Keyword: Bush

Bushes로 검색 결과를 저장해보자.

이름 바꾸기

계층이나 프로젝트 창에서 오브젝트의 이름을 바꾸려면 다음과 같이 한다.

1. 항목에 좌클릭한다.

2. 이름 영역에 다시 좌클릭하거나 F2 키를 누른다.

 더블 클릭해서는 안 된다!

습관을 들이자. 더블 클릭은 이름을 바꾸게 하는 대신, 외부 애플리케이션에서 해당 애셋을 열어주는 역할을 한다(예를 들어 텍스처 파일 같은 것을 더블 클릭하면 프로젝트 창에서 열린다).

콘솔 창

콘솔console은 (대개 플레이 테스팅 중) 경고, 에러, 메시지를 표시해서 코드와 연관된 것 외에도 온갖 것들에 주의하도록 해준다.

알아챘을 수도 있겠지만, 콘솔 창에는 여러 옵션이 있다.

* Clear: 현재의 모든 로그를 지워준다.

- Collapse: 반복되는 로그를 숨겨준다.
- Clear On Play: Play 모드로 들어갈 때마다 Clear 명령어를 적용해준다. 늘 켜두는 것이 좋다.
- Error Pause: 에러 로그가 나타날 때마다 Pause 모드를 시작한다.

콘솔 창은 늘 열어둘 필요는 없고, 화면 하단에 항상 최신 로그를 표시해주는 영역이 있다. 이 영역을 더블 클릭하면 콘솔 창이 열린다.

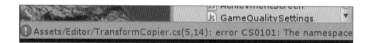

창 컨트롤

창들은 한 번에 하나의 인스턴트로 제한되지 않는다. 각 창의 상단 오른쪽 구석에 있는 드롭다운 메뉴를 클릭하고 **Add Tab**을 선택하면 원하는 만큼 사본copy을 생성할 수 있다.

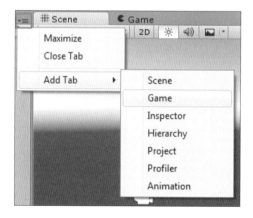

이 기능은 굉장히 유용한데, 프로젝트와 인스펙터 같은 창에는 잠금 기능(Add Tab 옆의 자물쇠 표시)이 있어 현재 선택한 사항을 유지하며 동시에 두 개의 오브젝트를 작업할 수 있게 해주기 때문이다.

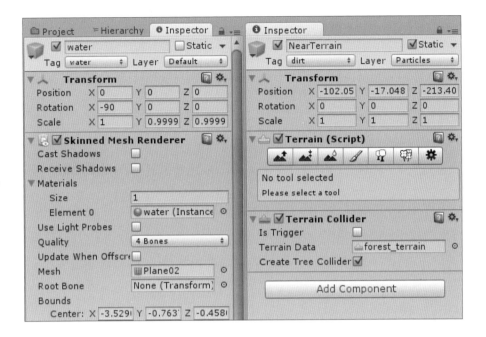

창 레이아웃 변경

디폴트 창 레이아웃이 마음에 들지 않으면 언제든 창을 드래그해 에디터 안의 다른 도킹 존Docking Zones으로 가져가거나, 에디터 밖으로 가져가서 플로팅 창으로 띄울 수 있다.

그 밖에도 유용한 몇 가지 사전 설정된 레이아웃들이 있다. 에디터의 상단 오른쪽 모서리의 Layout 드롭다운 메뉴나 상단 메뉴의 Window ➤ Layouts 밑에서 선택할 수 있다.

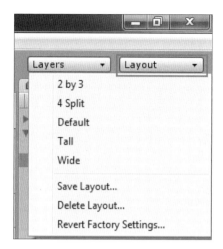

더 단순하고 컴팩트한 버전으로 바꾸려면 이렇게 한다.

1. 프로젝트 창의 상단 가장 오른쪽 모서리에 있는 드롭다운 메뉴를 클릭한다.

2. One Column Layout을 선택한다.

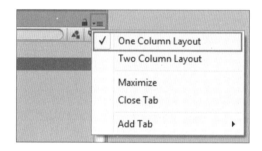

유니티 4 이전 버전을 이용했던 독자는 이 방법이 편하게 느껴질 것이다.

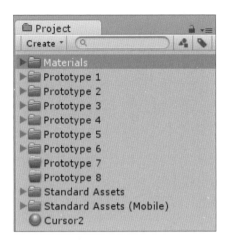

One Column Layout을 사용할 때의 유일한 단점은 저장된 검색 내용을 쓸 수 없다는 것이다.

 이제부터는 One Column Layout 프로젝트 창에서 Tall 프리셋 레이아웃을 사용해 (프로젝트 창의 상단 오른쪽 모서리에 있는 드롭다운 메뉴 이용) 화면 공간을 최적화한 다. 독자들은 취향에 따라 각자 원하는 레이아웃을 이용할 수 있다.

커스텀 레이아웃 만들기

검색 기능과 마찬가지로 이 기능 역시 실제 예를 따라 연습하면서 확실히 익히는 편이 좋다.

1. 툴바에서 Layout ➤ Revert Factory Settings…로 가거나 상단 메뉴에서 Window ➤ Layouts ➤ Revert Factory Settings…로 가서 디폴트 레이아웃으로 되돌린다.

2. 다음 스크린샷에서 보이는 대로 레이아웃을 조정하자.

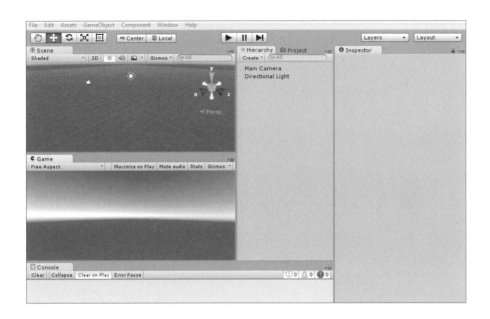

이 작업을 하려면 에디터 안에서 눈에 보이지 않는 도킹 존을 찾기 위해 창을 드래그 해야 한다.

에디터 커스터마이징이 끝나면 Layout ➤ Save Layout으로 가서 저장하라.

메인 카메라 오브젝트의 목적

카메라는 게임과 에디터에서 우리의 눈과 귀 역할을 하는 고유한 게임오브젝트며, 디폴트로 에디터 카메라Editor Camera와 메인 카메라Main Camera 두 개가 존재한다. 에디터 카메라는 씬 창에서 오브젝트를 볼 수 있게 해주고, 메인 카메라는 플레이 테스팅 중 사용하게 될 카메라다. 물론 원하는 수만큼 카메라를 배치할 수 있고 여기에서 수많은 설정을 조정할 수도 있지만, 지금 시점에서는 이 정도만 알아두는 것으로 충분하다.

프리미티브 생성

유니티는 빠른 프로토타이핑이나 그레이블로킹greyblocking을 위해 생성해서 편집할 수 있는 기본 프리미티브primitives 세트를 제공하며 Cube, Spheres, Capsule, Cylinder, Plane, Quad가 있다. 상단 메뉴의 GameObject ➤ 3D Object 아래에서, 혹은 계층 창의 Create 메뉴 밑에서 선택할 수 있다.

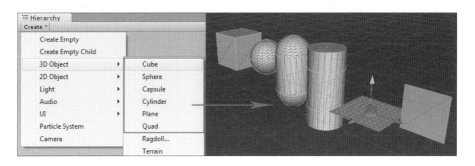

생성된 오브젝트는 즉시 씬과 계층 창 안에 나타난다.

요약

여기까지 유니티 초보 사용자가 알아둬야 할 기본을 모두 다뤘다. 비록 전부는 아니지만 이런 특징, 툴, 기능들 대부분이 이 책의 이후 장들에서 계속 사용된다. 그러므로 뭔지 잘 모르겠을 때는 1장으로 돌아와서 해당 주제를 다시 찾아보기 바란다. 더 자세한 정보가 필요할 때는 상단 메뉴의 Help ➤ Unity Manual 밑에 있는 공식 유니티 문서를 이용하면 된다.

그럼 다음 장에서는 애셋을 가져오고 레벨에서 사용할 수 있게끔 설정하는 것부터 시작한다. 다른 앱에서 애셋을 내보내는 방법과 유니티에서 설정하는 법, 또한 매터리얼과 LOD 설정 역시 2장에서 다룬다.

2
프롭 가져오기와
환경 설정

새로 멋지고 신나는 월드를 생성하려면 일단 애셋을 불러와서 준비해야 한다. 이 장에서는 독자들이 모델링과 텍스처링의 기본을 이해하며 UV, 노멀 맵normal map, 알파채널alpha channel 등에도 익숙한 것으로 가정하고 진행한다. 일반적인 파일 타입의 내보내기를 지원하기만 하면 애셋 생성에 어떤 앱을 이용하든 상관없다. 그래서 당신이 어떤 앱을 선택하든 모든 프로그램에 대한 단계별 익스포팅 프로세스는 따로 설명하지 않고, 어떤 앱에서든 적용되는 일반적인 추천 방식과 피해야 할 것만 다룬다.

이 장에서는 다음 주제를 다룬다.

- 오브젝트 조작
- 컴포넌트 작업
- 유니티로 프롭prop 임포팅
- 메시 환경 설정
- 텍스처 환경 설정
- 유니티 매터리얼 사용법
- 다양한 오브젝트에 LOD 설정
- 콜리전collision의 기본

이 장을 모두 읽고 나면 모든 프롭을 불러와서 레벨에 활용할 준비가 끝날 것이다.

오브젝트 조작

다음 툴의 사용법을 익혀두면 씬 창에 손쉽게 오브젝트를 배치할 수 있다.

오브젝트 조작 툴을 시험해보려면 **GameObject ➤ 3D Object**(Cube를 추천한다.)를 통해 유니티에 가능한 3D 프리미티브 중 하나를 생성하라.

오브젝트 조작은 툴바의 왼쪽에 있는 다섯 개의 툴을 통해 처리한다.

- 손 툴(팬 조작에 사용됨), 이동 툴, 회전 툴, 스케일 툴, 사각형^{Rect} 툴은 툴바를 통해 서나 각각 **Q, W, E, R, T** 단축키를 통해 사용한다.
- 오브젝트를 복제하려면 **Ctrl+D**나 **Ctrl+C**와 **Ctrl+V**의 조합으로 복사해서 붙여넣는다.
- 마지막 액션은 **Ctrl+Z** 키 조합으로 취소한다.

사각형 툴은 유니티 4 이후 버전에 새로 생긴 툴이다. 오브젝트 중앙의 원은 이동 툴의 역할을 하며, 외곽에 있는 네 개의 점을 가진 사각형은 스케일 툴과 비슷한 작용을 한다. 점의 위치는 카메라 앵글에 따라 포지션을 바꿔준다.

또한 툴바에서는 오브젝트가 중앙에서 피봇하거나 디폴트 피봇 지점에서 피봇하도록 변경할 수 있다(특정 피봇 지점을 염두에 두고서 오브젝트를 임포트했을 때 이 기능이 유용하다). 오브젝트는 또한 로컬^{Local}이나 글로벌^{Global} 공간에 맞춰 회전, 확대/축소, 이동할 수 있다. 디폴트 설정은 글로벌 공간에서의 피봇으로 돼 있다.

스내핑

스내핑^{snapping}을 통해 오브젝트를 똑같은 간격으로 이동, 회전, 확대/축소할 수 있다. Ctrl 키를 누르고 있으면 스내핑이 이뤄진다.

스내핑 간격을 설정하려면 상단 메뉴의 Edit ▶ Snap settings로 가서 다음 설정을 입력한다.

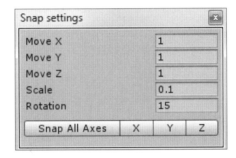

Snap settings 창의 하단에 있는 버튼들은 소수 값을 반올림해서 정수로 처리해준다. 오브젝트들이 그리드에 완벽하게 정렬되길 원한다면 유용할 것이다.

오브젝트들을 자유롭게 이동하려면 Shift 키를 누른 채 이동 툴을 이용한다. 커스텀 피봇 포인트 표면을 따라 이동시키려면 다음과 같이 한다.

1. 오브젝트를 하나 선택한다.

2. V 키를 누른다.

3. 마우스로 피봇 포인트를 정한다.

4. 마우스 왼쪽 버튼을 누른 채 표면을 따라 드래그한다.

프롭 배치에는 최고의 방법이다. 다음 스크린샷을 보자.

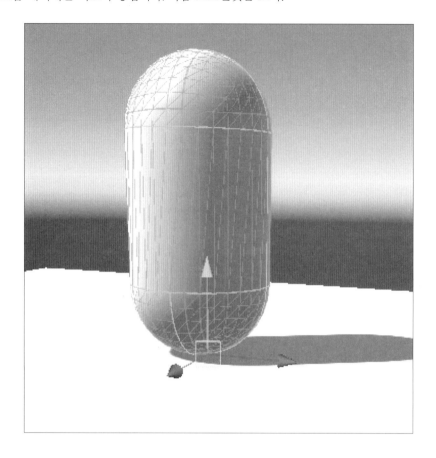

표면 스내핑surface snapping은 재미있게 들리겠지만, 실제로는 표면과 오브젝트 토폴로지topology에 따라 결과가 달라지게 된다. 또한 Perspective 모드에서 처리하기는 굉장히 까다롭다.

 기억하자. 스내핑은 씬 창에서만 할 수 있다.

그레이블로킹

유니티에 대해 여기까지 배웠으니 이제 향후 만들 레벨에 그레이블록^{greyblock}(회색 임시 더미)을 구성해 프리미티브를 생성하는 방법을 활용할 수 있다. 그럼 이제 유니티 프리미티브를 이용해 레벨 전체를 구성하면서 오브젝트 조작을 익혀보자.

컴포넌트

레벨 안의 모든 오브젝트는 게임오브젝트로서, 스스로는 별로 하는 것이 없지만 매개변수의 컨테이너 역할을 하는 개체다. 이런 매개변수는 컴포넌트를 통해 추가한다. GameObject ➤ Create Empty를 통해 비어있는 게임오브젝트를 생성하고 인스펙터 창을 보면, 3D 공간에 필수적인 속성(Position, Rotation, Scale)을 담고 있는 Transform이라는 필수 컴포넌트가 하나 생성된 것을 볼 수 있다. 하지만 이것뿐으로, 게임오브젝트는 아직 씬에서 한 위치를 점유하고 있는 추상적 개체일 뿐이다. 이것을 더 많은 속성을 갖춘 좀 더 의미 있는 무언가로 바꾸려면 더 많은 컴포넌트를 추가해야 한다.

컴포넌트 추가

더 많은 컴포넌트를 추가함으로써 우리의 게임오브젝트에 더 많은 속성을 추가하게 되므로, 이 과정을 통해 프리미티브를 재구성해보자.

1. 상단 메뉴에서 GameObject ➤ Create Empty로 가서 비어있는 게임오브젝트를 하나 생성하자.
2. 인스펙터 창이나 상단 메뉴의 Component ➤ Add로 가서 Add Component를 클릭한다.
3. Mesh ➤ Mesh Filter로 간다.
4. 오브젝트 피커를 통해 컴포넌트의 Mesh 속성을 참조하는 Cube 모델을 배정한다.
5. Mesh ➤ Mesh Renderer를 통해 새로운 컴포넌트를 추가한다.

이제 비어있는 게임오브젝트의 위치에 보라색 정육면체가 나타났을 것이다.

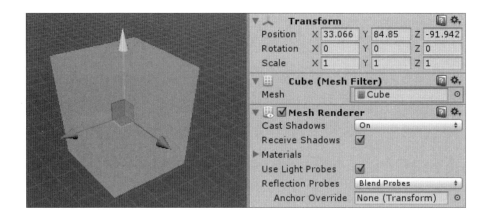

Mesh Filter 컴포넌트는 레벨에서 오브젝트를 메시로 표시하게 해준다. Mesh Renderer 는 이 메시에 렌더링 속성을 추가해 씬과 게임 창에서 렌더링되게 해준다.

 보라색으로 렌더링된 오브젝트는 매터리얼이 선택되지 않아서 이렇게 보일 가능성이 높다. 매터리얼은 이 장 후반에서 더 살펴본다.

컴포넌트 비활성화

게임오브젝트를 없애려면 삭제하면 된다. 하지만 구동 중에 삭제하는 것은 매우 비효율적이며, 때로는 삭제한 오브젝트를 되돌려야 할 때도 있다. 그러므로 가장 좋은 방법은 게임오브젝트를 활성화/비활성화하는 것이다. 이렇게 하려면 인스펙터 창의 상단 Name 필드 옆에 있는 체크박스를 토글한다. 일부 컴포넌트 역시 비슷한 방식으로 비활성화할 수 있다. 이런 식으로, 우리의 정육면체에 부착된 Mesh Renderer를 비활성화하면 정육면체가 씬 창에서 사라진다.

부착된 컴포넌트는 게임오브젝트의 활성화 상태에 따라 달라지며, 컴포넌트를 담고 있는 게임오브젝트가 비활성화되면 자동으로 비활성화된다.

컴포넌트 옵션

컴포넌트를 우클릭하거나 컴포넌트 상단 오른쪽 모서리의 톱니바퀴 아이콘이 있는 드롭다운 메뉴에서 좌클릭하면, 다음 그림과 같은 옵션 메뉴가 나온다.

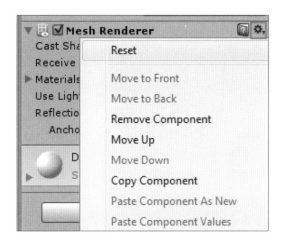

가장 주목할 만한 옵션은 다음과 같다.

- Reset: 매개변수들을 디폴트 값으로 되돌린다.
- Remove Component: 이 옵션은 게임오브젝트에서 컴포넌트들을 제거한다.
- Copy Component: 이 옵션은 컴포넌트와 그 값들을 복사한다.
- Paste Component As New: 이 옵션은 복사한 컴포넌트와 그 값을 추가해준다.
- Paste Component Values: 복사한 값들을 다른 컴포넌트로 이전해준다(컴포넌트가 동일한 타입일 때만 된다).

같은 컴포넌트를 공유하는 오브젝트들은 동시에 편집할 수 있다. 여러 오브젝트를 선택하면 인스펙터 창에 컴포넌트를 공유하는 것만 표시된다. 선택된 모든 오브젝트의 값이 똑같으면 매개변수는 그대로 남겨지고, 서로 매치되지 않을 때는 대시로 대체된다. 매개변수를 수정하면 다음 스크린샷과 같이 모든 오브젝트에 대해 변경된다.

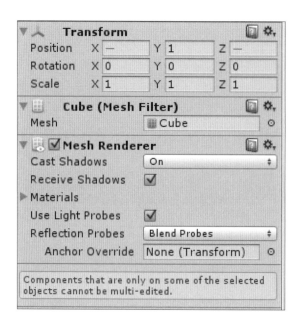

다양한 컴포넌트를 사용할 수 있으며, 이후 장들에서 그 대부분을 연습해본다.

유니티로 프롭 임포팅

유니티는 애셋 임포팅을 상당히 매끄럽게 처리하며, 실제 애셋 자체에 문제가 없는 한 별다른 문제를 맞닥뜨리진 않을 것이다.

지원 포맷

첫 번째로, 유니티에서 인식할 수 있는 3D 포맷을 알아보자.

유니티는 .FBX, .dae, .dxf, .obj 등 다수의 일반적인 3D 파일 포맷을 지원한다.

3D 애플리케이션 파일 중에서는 3Ds 맥스, 마야, 블렌더[Blender], 시네마4D[Cinema4D], 모도[Modo], 라이트웨이브[Lightwave], 치타3D[Cheetah3D] 등을 (변환을 통해) 지원한다. 아마 당신이 좋아하는 모델링 툴이 이 중에 있을 것이다.

어떤 애플리케이션을 사용할지 결정하는 것은 순전히 독자에게 달려 있다. 각 애플리케이션마다 처리하는 데 장단점이 있다.

일반적인 3D 파일 포맷(예를 들어 .obj)을 내보낼 때는 다음과 같은 장점이 있다.

- 작은 파일 사이즈
- 유니티에서 지원하지 않는 3D 앱에서 익스포트 가능
- 익스포트하고자 하는 데이터 직접 선택

하지만 이런 접근법에도 몇 가지 단점은 있다.

- 이터레이션iteration이 더 어려움
- 소스와 게임 데이터 간의 버전 관리를 놓치기 쉬움

3D 앱의 네이티브 파일 포맷을 사용할 때는 다음과 같은 이점이 있다.

- 애셋들의 이터레이션을 신속히 해낼 수 있다(임포트된 애셋을 편집하면 유니티가 변경을 커밋할 때 다시 임포트해 에디터에 리턴한다).
- 간단하다(전제 조건이 없고, 작업하던 파일을 그냥 드래그 앤 드롭하면 유니티에서 빠른 수정을 위해 열어준다).

하지만 몇 가지 유의할 점도 있다.

- 파일을 열려면 3D 앱의 라이선스 사본이 필요하다.
- 애셋과 함께 불필요한 데이터가 임포트될 수도 있다.
- 파일이 큰 편이라서 유니티의 속도가 느려질 수 있다.
- 확인이 불충분하면 오류 해결이 어려워진다.

 3D 앱 파일 포맷의 익스포팅은 계속해서 이터레이션을 진행하는 프로토타이핑 과정 동안 해야 하며, 팀의 모두가 설치된 앱의 라이선스 버전을 가져야 한다.

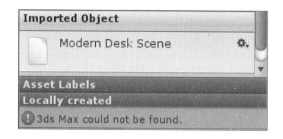

블렌더에서 익스포팅

앞서 말했듯이, 유니티는 인기 3D 앱에서 임포팅을 지원하며, 블렌더도 예외는 아니다. 블렌더 파일을 유니티로 임포트할 때는 한 가지 조심해야 할 것이 있는데, 블렌더 버전이 2.45 이상이어야 한다는 점이다. 그 이유는 유니티가 블렌더 2.45 버전 이상에 추가된 블렌더 FBX 익스포터를 이용하기 때문이다. 구 버전 블렌더를 사용하고 있다면 임포트하기 전에 수동으로 파일들을 일반 3D 파일로 변환해야 한다.

 블렌더만 그런 것은 아니다. 3D 앱에 내장된 익스포터가 없다면 유니티는 해당 네이티브 파일 포맷을 읽을 수 없다. 이 때문에라도 임포트된 애셋에 접근할 수 있게끔 컴퓨터에 해당 3D 소프트웨어를 설치해야 한다.

익스포팅 전의 오브젝트 설정

메시의 경우 유니티에서 임포팅을 성공적으로 하기 위한 특별한 조건은 없다.

애셋이 여러 컴포넌트와 그룹에서 임포트됐다면 유니티로 임포트됐을 때 동일한 계층 구조를 갖도록 3D 앱에서 올바르게 설정해야만 한다.

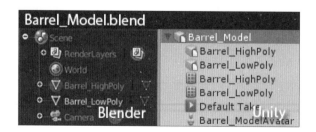

유니티에서는 애셋이나 그 계층을 수정할 수 없다. 예를 들어 .blend 파일을 유니티로 가져와서 편집하고 싶다고 하자.

1. 프로젝트 창에서 임포트된 파일을 더블 클릭한다.

2. 컴퓨터에 블렌더가 설치돼 있다면 유니티가 해당 프로그램을 구동한다.

3. 파일을 편집하고 저장한다.

4. 다시 에디터로 돌아간다.

에디터로 돌아가고 나면 잠깐 랙을 경험할 수 있다. 유니티가 방금 편집한 파일을 다시 임포트하고 있기 때문이다.

원하는 곳에 피봇 포인트가 있는지 확인하라. 기억해두자. 유니티에서는 중앙 피봇 포인트가 디폴트지만, Pivot 모드로 감으로써 3D 앱에서 설정한 피봇 포인트로 변경할 수 있다.

구성 히스토리는 반드시 삭제해야 한다. Nrbs, Norms, Subdiv 표면은 폴리곤으로 변환돼야 한다. 최종 익스포트 동안 씬 라이팅을 삭제하라. 이 역시 익스포트되지 않는다.

당신의 모델에 최적화하기 위해 적용할 수 있는 몇 가지 트릭이 있긴 하지만, 이 부분은 연관 매터리얼을 모두 변환한 다음 다시 다루겠다.

임포팅 프로세스

애셋을 가져오는 가장 쉬운 방법은 프로젝트 창으로 파일을 끌어다 놓는 것이다. 그러면 유니티 디렉터리 내에 해당 파일의 사본이 생긴다. 아니면 상단 메뉴에서 Assets ▶ Import New Asset…으로 가서 이 방법으로 임포트할 수도 있다.

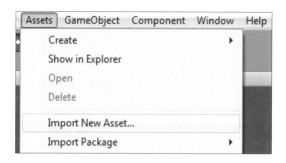

파일들은 자동으로 변환되므로, 아무것도 변경할 필요가 없다. 애셋은 이제 유니티에 있으며 이용할 준비가 끝났다. 작업을 시작하려면 다음과 같이 하자.

1. 부록 파일에서 Chapter 2 폴더를 연다.
2. 유니티의 **Project** 탭에서 Chapter 2 폴더를 드래그한 후 Import 폴더에 드롭한다.

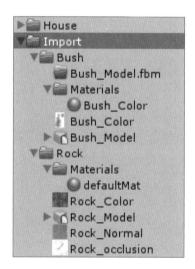

축하한다! 이제 OBJ 및 FBX 모델과 함께 PNG 텍스처를 유니티로 임포트했다.

메시 환경 설정

이제 애셋들을 가져왔으니 유니티에서 환경 설정을 시작해보자.

모델-메시 옵션

프로젝트 창에서 애셋을 선택하면 인스펙터 창에서 Import settings가 디스플레이된다.

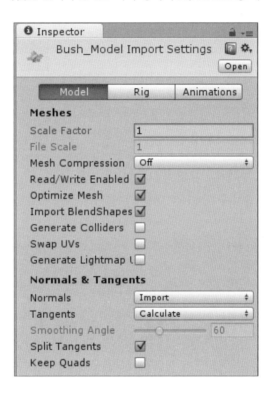

Import Settings에는 애셋의 Model, Rig, Animations에 해당하는 세 개의 탭이 있다. 지금은 Model 탭에만 중점을 두고 우리의 애셋을 이용할 수 있게 준비하는 설정들을 살펴보자.

- Scale Factor: 애셋을 오리지널 모델에 비해 확대 축소해준다. 3D 모델링 앱 외부에서 모델의 크기를 확대 축소하기에 굉장히 편리하다. Scale 툴 대신에 Scale Factor 매개변수를 이용하면 오브젝트가 일괄된 스케일링을 이용해 유니티 안에

서 물리적 상호작용에 정확하게 반응하도록 보장해주기 때문에 더 좋다(개발자 리 포트를 보면 유니티 5에서 이 기능이 예정돼 있다).

- **Mesh Compression:** 유니티는 메시Mesh의 사이즈를 줄이려 시도한다. 압축에는 네 가지 상태인 **Off, Low, Medium, High**가 있다. 빌드 사이즈를 최소화하려면 모델에 이상한 점이 나타나기 전까지 최대한 압축하는 것이 좋다.

 압축하고 나면, 메시의 수치적 정확도가 줄어든다. 즉 32비트 플로트(float) 대신 메시 데이터는 고정된 수치를 표시한다.

- **Read/Write Enabled:** 런타임으로 메시가 쓰일 수 있게 해준다. 이 옵션을 활성화하 면 코드를 통한 메시 수정이 허용된다. 모든 메시의 스케일을 조정하려 하지 않을 때나 일률적이지 않은 스케일로 런타임으로 인스턴스될 때 끄면 메모리를 절약할 수 있는 또 하나의 최적화 옵션이다.
- **Optimize Mesh:** 메시에 기재되는 삼각형의 순서를 최적화해준다. 로딩 시간을 높 여 런타임 성능을 높이거나 그 반대로 하고 싶을 때 이 옵션을 체크해보자.
- **Import BlendShapes:** 이 옵션을 켜두면 유니티는 블렌드 셰이프blend shape를 임포트 한다.
- **Generate Colliders:** 이 옵션은 자동으로 모델에 **Mesh Collider**를 생성해준다. 환경 지오메트리environment geometry에 유용하지만 움직이는 동적 오브젝트가 있다면 피 해야 한다.
- **Swap UVs:** 이 옵션은 메인 UV 채널과 서브 UV 채널을 뒤바꿔준다.
- **Generate Lightmap UVs:** 이 옵션은 라이트매핑lightmapping을 위한 서브 UV 채널을 생성한다.
- **Normals & Tangents**는 이름 그대로다. 소스 파일에서 **Normals & Tangents**에 정보 를 임포트해 유니티에서 계산하게 허용하거나(**Normals**는 Smoothing Angle 슬라이더에 따라 계산돼 뚜렷한 가장자리로 처리하기 위해 가장자리를 날카롭게 해준다.) **None**을 선 택해 이를 해제할 수 있다.

모델을 빠르게 수정해야 할 때는 **Normals**의 Calculate 옵션을 이용하자. 유니티는 이를 상당히 잘 처리해준다.

Tangents의 임포트 옵션은 FBX, 마야, 3Ds 맥스 파일에만 적용할 수 있다.

- Split Tangents: 메시의 이음매seams에서 노멀 맵 라이팅이 깨져 보일 때 이 옵션을 켠다.
- Keep Quads: 이 옵션은 DirectX 11 테셀레이션tessellation 시 모델 토폴로지의 쿼드quad를 유지해준다.

양면 노멀

모델을 임포트해 유니티에서 보려고 할 때 한 가지 특별한 문제에 마주칠 수 있다. 이 문제는 사실 유니티가 디폴트로 양면 노멀double-sided normal을 지원하지 않아서 한 면이 눈에 보이지 않기에 생긴다. 꽤 일반적인 문제며, 두 가지 접근법이 가능하다. 프로그래머가 양면 셰이더double-sided shader를 작성하도록 하거나 3D 앱에서 두 면이나 리버스 노멀reverse nomal을 복제하는 데 활용하는 것이다. 후자 쪽이 더 간편하며, 더 빠르게 이 문제를 해결할 수 있다.

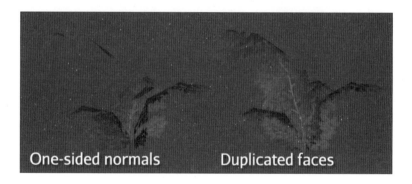

One-sided normals   Duplicated faces

라벨

이제 애셋 처리의 가장 중요한 부분인 라벨Label로 들어가보자.

라벨은 필터링과 쿼리 검색에 사용된다. 임포트했든 내재된 애셋이든 어느 것이나 원하는 만큼 라벨을 배정할 수 있다. 그러려면 다음과 같이 한다.

1. 프로젝트 창에서 애셋을 선택한다.

2. 인스펙터 창을 연다.

3. 프리뷰Preview 창의 하단 오른쪽 구석에 있는 Label 버튼을 클릭한다.

4. 라벨 이름을 입력한다.

5. Enter 키를 눌러서 새로운 라벨을 생성하고 이것을 오브젝트에 배정한다.

 이제 프로젝트 창의 검색 필드를 이용해 다음 스크린샷에서 보이는 것처럼 새로 생성한 라벨이 붙은 애셋을 찾을 수 있다.

이것이 전부다. 라벨은 이해하기 쉬운 부분이다. 하지만 이를 익숙하게 사용하고 빠르게 애셋들을 필터링하는 시스템을 생각해내려면 어느 정도 시간이 걸릴 것이다.

프리팹

게임오브젝트와 그 컴포넌트를 이미 설정했으며, 이제 프로젝트 내내 여러 번 재사용하고 싶다고 해보자. 복제도 한 가지 방법이긴 하지만, 프리팹prefab을 사용하는 편이 훨씬 낫다.

프리팹은 템플릿이라고 생각하면 편하다. 일반적으로 특정 오브젝트의 인스턴스를 생성해 템플릿에 변경을 가함으로써 빠르게 수정하는 데 사용된다.

프리팹 생성은 쉽다.

1. 프로젝트 창의 Create 버튼를 클릭한다.
2. Prefab을 선택한다.
3. 이전에 생성된 프리미티브를 프리팹에 끌어다 놓는다.

끝! 이제 프리팹이 어떻게 작동하는지 봤다. 우리가 씬 창에서 만든 오리지널 프리미티브가 이제 인스펙터 창의 상단에 Prefab이라는 새로운 섹션으로 생겨나고, 세 가지 옵션을 가진 것을 볼 수 있다.

- Select는 프로젝트 창에서 이 오브젝트가 속한 프리팹을 선택한다.
- Revert는 오브젝트에 가해진 모든 변경을 리셋하고 프리팹과 동일하게 만든다.
- Apply는 오브젝트에 가한 모든 변경을 프리팹에 업데이트해준다.

씬에서 더 많은 프리팹 인스턴스를 생성하고, 프리팹을 조작해 오브젝트를 변형하고, 프리팹과 오브젝트에서 컴포넌트를 제거하며 각각 어떤 작용을 하는지 살펴보자.

모든 오브젝트는 프리팹이 변할 때마다 즉시 업데이트된다는 것을 알 수 있다. 하지만 단일 오브젝트에 가한 변경은 Apply 버튼을 통해 커밋하지 않는 한 프리팹 자체에 아무런 영향도 주지 않는다.

오브젝트에 가한 변경이 무엇이었는지 잊어버린 경우에는 프리팹과 비교해 확인할 필요가 없다. 모든 변경 사항은 인스펙터 창에 하이라이트돼 표시된다.

오브젝트의 특정 컴포넌트를 프리팹으로 리셋하고 싶다면 리셋을 원하는 컴포넌트를 우클릭하고 Revert To Prefab을 선택한다. 그러면 해당 컴포넌트만 리셋되고, 손대지 않은 다른 컴포넌트들은 그대로 남는다.

프리팹에 연결된 오브젝트들은 계층 창에서 파란색으로 하이라이트된다.

비어있지 않은 프리팹에 오브젝트를 드래그 앤 드롭하면 프리팹의 모든 인스턴스가 드롭한 오브젝트로 대체되므로 주의해야 한다. 이 동작은 Ctrl+Z 명령으로 되돌릴 수 없지만, 유니티에서 경고 메시지가 뜨기 때문에 이때 취소할 수는 있다. 그러므로 경고 메시지를 잘 읽어보자.

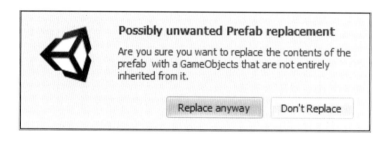

경험적으로, 한꺼번에 수정할 생각이 없다고 해도 모든 오브젝트에 각각 프리팹을 설정해두는 편이 예방 차원에서 좋다. 여기에는 두 가지 이유가 있다.

1. 메시는 수정할 수 없고, 프로젝트 창에서 컴포넌트를 부착할 수도 없다. 이 작업은 메시를 씬에 드래그해야만 할 수 있으며, 그럼 자동으로 수정할 수 있는 게임 오브젝트가 생성된다. 아니면 이 과정을 건너뛰고 프로젝트 창에서 편집할 수 있는 프리팹을 생성해도 된다.

2. 프로그래머들은 코드를 통해 필요한 게임오브젝트를 수동으로 조합하는 것보다는 미리 준비된 프리팹으로 작업하는 것이 훨씬 쉽게 느껴질 수 있다.

그러므로 독자들도 최근 임포트한 Bush_Model과 Rock_Model 애셋을 위한 프리팹을 생성할 수 있다. 곧 이 자료들이 필요하게 될 것이다.

오브젝트 부모 설정

오브젝트들은 비어있든 아니든 다른 게임오브젝트에 부모 관계를 통해 그룹화할 수 있다. 유니티에서는 게임오브젝트들을 프로젝트나 계층 창에서 서로의 위에 끌어다 놓아 처리한다.

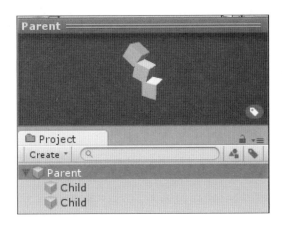

한 가지 주의할 점이 있다. 자식 계층으로 변경하고 나면 오브젝트는 글로벌 공간에 대한 연결이 끊어져, 부모 오브젝트에만 관련이 맺어진다는 점을 숙지해야 한다. 그러므로 부모 오브젝트가 이동하면 그와 연관된 자식 오브젝트는 모두 이동한다. 스케일과 로테이션의 경우도 마찬가지다.

부모 설정과 프리팹

프리팹에서는 부모 관계가 상당히 단순하다. 계층 뷰에서 부모 오브젝트에 있는 어떤 자식이든 자유로이 수정하고 추가할 수 있으며, 그다음 Apply를 눌러서 프리팹에 저장한다. 하지만 게임오브젝트에서 자식 관계를 해제하면 부모 오브젝트와 프리팹의 관계가 사라진다.

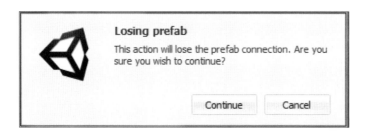

 부모 관계를 해제해야 할 때는 해당 오브젝트와 프리팹의 연결을 끊고 부모 관계를 해
제한 후 다시 해당 프리팹에 드래그 앤 드롭한다. 이렇게 하면 변경 사항이 다른 모든
레퍼런스에도 커밋된다.

피봇 포인트

또 하나, 부모 오브젝트의 피봇 포인트가 자식 오브젝트의 추가에 어떻게 반응하는지
아는 것이 중요하다. 이럴 때 앞서 설명한 피봇Pivot 툴이 유용하다. Center 모드에서
는 정확히 그룹의 중앙에 위치한다. 하지만 Pivot 모드로 전환하면 피봇 포인트가 원
래의 위치로 스냅돼 부모 오브젝트가 익스포트됐던 위치로 돌아간다.

텍스처 환경 설정

그럼 이제 텍스처와 유니티에서 이를 어떻게 처리하는지에 대해 알아보자. 먼저 지원
되는 포맷을 나열하고, 익스포팅 동안 고려해야 할 유용한 팁을 논의하고, 임포팅 동
안 사용할 수 있는 옵션들을 자세히 알아보자.

지원 포맷

유니티는 텍스처에 PSD, TIFF, JPG, TGA, PNG, GIF, BMP, IFF, PICT를 포함해 폭넓
고 다양한 포맷을 지원한다. 그렇다. 멀티레이어 파일도 지원되며, 메모리 사용량 증
가나 성능 저하에 대한 우려 없이 쉽게 이용할 수 있다. 그렇긴 하지만, 유니티가 파

일을 변환해 모든 레이어를 합쳐주므로 멀티레이어 포맷의 장점을 취할 수 있으리라 기대해서는 안 된다. 이런 변환은 순전히 내부적인 것이며, 소스 파일들은 어떻게도 변하지 않아서 계속 이터레이션을 할 수 있다.

텍스처 익스포트 준비

유니티로 텍스처를 임포트하는 데에는 특별한 요건이 없다. 지원되는 이미지 포맷인 경우 이전에 Import 폴더에서 했듯이 프로젝트 창에 끌어다 놓기만 하면 된다.

성능 면에서 보자면 2 제곱수(2, 4, 8, 16, 32, 64, 128, 256, 512...) 텍스처를 이용할 것을 권한다. 2 제곱수가 아닌 텍스처NPOT, non power of two textures는 유니티에서 사용할 수는 있지만, 메모리가 더 소요되고 성능 저하가 발생할 수 있다. 하지만 플랫폼이나 GPU가 NPOT 텍스처를 지원하지 않는 경우 유니티는 자동으로 가장 근접한 2 제곱수로 조정하며, 성능이 눈에 띄게 낮아진다.

 하지만 UI 같은 것에는 NPOT 텍스처를 이용할 수 있다.

다양한 텍스처 타입 설정

임포트한 텍스처 중 하나를 선택하면 인스펙터 창에서 임포트 옵션을 볼 수 있다.

- 대부분의 텍스처 세팅은 Texture Type 드롭다운 메뉴에서 선택된 값에 따라 결정된다. 가능한 옵션은 다음과 같다.
  - Texture: 텍스처를 위한 가장 흔한 설정이다(디폴트로 사용할 옵션이다).
  - Normal Map: 컬러 채널을 실시간 노멀 매핑에 적합한 포맷으로 바꿔준다.
  - Editor GUI and Legacy GUI: GUI에 사용된다.
  - Sprite (2D and UI): 텍스처를 2D 게임과 UI의 스프라이트sprite로 사용할 때 선택한다.
  - Cursor: 커서 스프라이트에 유용하다.
  - Cubemap: 큐브맵을 생성하는 데 사용된다.
  - Cookie: 쿠키 라이팅에 사용된다.

- Lightmap: 라이트맵을 식별하는 데 사용된다.
- Advanced: 텍스처의 모든 매개변수를 드러내준다.

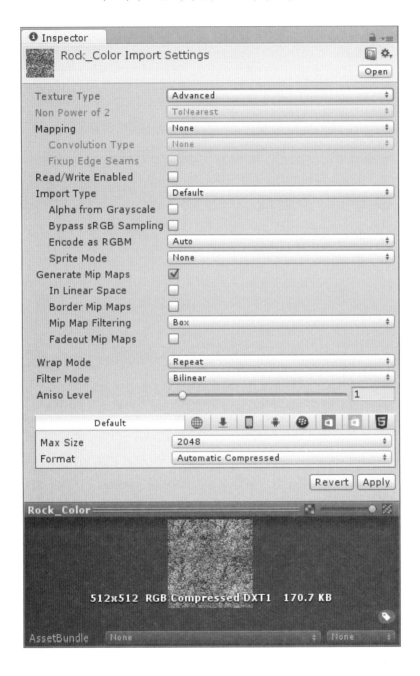

Advanced 옵션은 필요한 모든 매개변수를 주므로, 지금부터는 이 옵션을 유지한다.

- 2 제곱수는 텍스처가 2 제곱수가 아닌 경우 스케일링 행동 방식을 정의한다. 여기에는 네 가지 옵션이 있다.

  - None: 텍스처가 확대 축소되지 않는다.

  - To nearest: 텍스처가 가장 근접한 2 제곱수로 조정된다(130×250이라면 128×256).

  - To larger: 텍스처가 다음으로 큰 2 제곱수로 조정된다(130×200에서 256×256).

  - To smaller: 텍스처가 다음으로 작은 2 제곱수로 조정된다(130×200에서 128×128).

  모든 변경은 임포트되는 순간 내부적으로 적용된다. 매개변수를 변경한 다음, 유니티는 텍스처를 다시 임포트한다.

- Mapping은 커스텀 큐브맵의 레이아웃 옵션을 정하고 이와 관련된 추가 옵션들을 활성화해준다. 큐브맵은 개요의 범위를 넘어가므로 다루지 않겠다.

- Read/Write Enabled는 코더가 텍스처 데이터에 액세스할 수 있게 허용해준다. 이 옵션은 꼭 필요할 때 외에는 반드시 디폴트로 해제해두자. 편집된 텍스처와 원본 버전을 모두 저장해야 하므로 텍스처 메모리 사용량은 두 배가 된다. 비압축과 DXT 압축 텍스처에만 이용할 수 있다.

- Import Type은 Texture Type 매개변수의 단순화된 버전이다. 텍스처의 목적이 제대로 해석되도록 해주며 선택한 타입에 따라 Default, Normal Map, Lightmap의 몇 가지 옵션을 열어준다.

  - Alpha from grayscale은 Default 텍스처 타입에서 사용할 수 있다. 이미지의 휘도^{luminance} 정보에서 알파 채널을 생성한다.

  - Create from grayscale은 Normal Map 텍스처 타입에서 사용할 수 있다. 이미지의 휘도 정보에서 노멀 맵을 생성한다.

  - Bypass RGB sampling은 Default 텍스처 타입을 위한 것이다. 유니티에 의한 감마 보정$^{gamma\ compensation}$이 적용되지 않고 이미지에서 컬러 값을 직접 이용하게 해준다.

- Encode as RGBM은 이름 그대로다. HDR 텍스처에 유용하다.
  - Sprite Mode는 스프라이트를 단일 이미지나 스프라이트 시트^{sprite sheet}로 (여러 장) 설정할 수 있게 해준다.
- Generate Mip Maps는 텍스처가 화면에 작게 나타날 때 사용할 텍스처의 더 작은 버전을 만들어준다.

- In Linear Space는 선형 컬러 공간에서 밉 맵^{mip map}을 생성해준다.
  - Border Mip Maps는 낮은 밉 레벨^{Mip levels}에서 컬러가 가장자리로부터 넘치는 것을 막아준다.
  - Mip Map Filtering은 밉 맵의 품질을 최적화하는 데 쓰인다. Box 매개변수는 밉 레벨을 점진적으로 부드럽게 해주는 반면, Kaiser는 선명하게 해주는 알고리즘을 통해 텍스처가 흐려지는 것을 방지한다.
  - Fade Out Mip maps는 밉 맵이 밉 레벨 진행에 따라 회색으로 페이드되도록 해준다. 이 옵션을 활성화하면 나타나는 페이드 범위 스크롤러가 텍스처가 회색으로 변할 첫 레벨과 완전히 회색이 될 마지막 레벨을 정의한다.
- Wrap Mode는 타일화할 수 있는 텍스처의 행동 양식을 정의한다. Repeat를 선택해 모든 텍스처가 반복되도록 하거나, Clamp를 선택해서 모든 텍스처의 가장자리가 늘어나도록 할 수도 있다(타일화할 수 없는 텍스처에 대해서는 디폴트로 사용된다).

- Filter Mode는 텍스처가 변형을 통해 늘어날 때 필터링 옵션을 정의한다. Point는 텍스처를 블록 형태로 만들고, Bilinear는 흐릿하게 해주며, Trilinear는 서로 다른 밉 레벨 사이의 텍스처를 흐리게 해준다.

- Aniso Level 슬라이더는 Bilinear와 Trilinear 필터에서 쓸 수 있다. 급경사 각도로 볼 때 텍스처의 품질을 개선해주며, 바닥에 사용되는 경우가 가장 흔하다.

텍스처를 유니티로 가져오는 것은 하면 할수록 쉬워지며, 향후 원하는 대로 조정할 수 있는 많은 옵션도 있다. 너무 많은 옵션에 압도당하지 않을 최선의 방법은 Texture Type을 이용해 필터링한 후 남아있는 것 중에서 선택하는 것이다.

텍스처를 임포트하는 것은 좋지만, 바로 게임오브젝트로 사용하기에는 충분하지 않다. 여기에 셰이더^{Shader}가 필요하며, 더 정확히는 셰이더를 담을 매터리얼이 있어야 한다.

매터리얼은 무엇인가

유니티에서 오브젝트들은 유니티의 모노디벨롭^{MonoDevelop}에서 생성할 수 있는 복잡한 코드 덩어리인 셰이더의 도움으로 렌더링된다. 하지만 셰이더를 훨씬 쉽게 작동할 수 있는 방법이 있으니, 바로 매터리얼^{Material}이다. 매터리얼은 프로그래밍 지식이 전혀 없더라도 셰이더를 통해 속성들을 조정하고 애셋들을 배정하게 해준다.

유니티의 매터리얼

앞서 애셋들을 임포팅할 때 유니티가 각 애셋 폴더에 Material이란 이름의 폴더를 생성한 것을 봤을지도 모르겠다. 디폴트로 각 게임오브젝트에는 매터리얼이 배정되며, 그렇지 않다면 2장의 처음에서 컴포넌트로 프리미티브를 재생성할 때 봤듯이 분홍색으로 렌더링된다. 애셋 임포팅 중에 유니티는 애셋에 배정된 셰이더의 이름을 이용해 새로 생성된 매터리얼에 붙여주는데, 이는 자동으로 임포트된 오브젝트에 배정된다. 하지만 매터리얼 모두에 텍스처를 배정하지는 않으며, Bush_Color에만 배정했다. 어떤 모델에나 모두 배정되지 않는 데에는 세 가지 이유가 있다.

1. 익스포팅할 때 셰이더에 텍스처가 배정되지 않았다. 우리의 경우는 여기에 해당한다. Rock에는 익스포팅하기 전에 배정된 텍스처가 없었다.

2. 파일 포맷이 부정확했다. 이 역시 사실이다. Rock은 OBJ와 Bush로 익스포트됐는데, 그 매터리얼에 배정된 컬러 맵은 FBX로 익스포트됐다.

3. 유니티가 배정된 텍스처를 찾을 수 없었던 것이다. 우리의 모델은 이런 경우는 아니지만, 다른 경우는 이 이유일 때가 많다. 이를 피하려면 모델과 배정된 텍스처들을 임포트 당시 동일한 폴더에 유지하기를 권한다(나중에 언제든 다시 배정할 수 있다).

임포트할 때 텍스처를 다시 배정하려면 무척 애먹게 된다. 이런 이슈를 피하기 위해 나는 다음과 같이 한다.

1. 3D 앱에서 모델에 텍스처를 배정한다.

2. 배정된 텍스처를 메시 파일과 같은 디렉터리에 유지한다.

3. 모델을 FBX 포맷으로 익스포트한다.

4. 모델과 텍스처를 한 번에 유니티에 임포트한다.

반드시 나와 같은 방법만을 써야 하는 것은 아니다. 작업 첫 단계부터 텍스처를 3D 앱에서 배정할 필요는 없고, 개인적 경험에서 권하는 사항일 뿐이다.

빠진 텍스처를 매터리얼에 배정하려면 다음과 같이 해야 한다.

1. 임포트된 매터리얼의 이름을 프로젝트 창에서 Rock_Material과 Bush_Material 로 바꾼다.

2. Rock_Material을 선택하고 인스펙터 창으로 간다.

3. **Albedo** 매개변수 왼쪽에 있는 작은 원을 클릭한다.

4. 오브젝트 피커로 Rock_Color 텍스처를 선택한다.

이제 이 매터리얼을 공유하는 게임오브젝트가 모두 자동으로 업데이트된다. 인스펙터 창의 하단에 있는 **Preview** 섹션을 이용해 오브젝트의 매터리얼이 어떻게 보일지 확인할 수 있다.

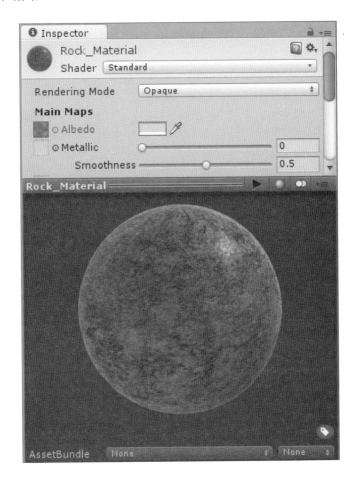

이 컬러 맵은 이제 자동으로 이 매터리얼을 공유하는 모든 게임오브젝트에 배정된다.

 임포트된 모델에 매터리얼을 배정할 수는 없다. 하지만 씬/계층 창에서 프리팹과 오브젝트에는 배정할 수 있다.

매터리얼 생성

매터리얼은 배정된 모든 게임오브젝트에 자동으로 업데이트된다는 점에서 매우 유용하다. 하지만 동시에, 이런 방식으로는 다양성을 줄 수 없기 때문에 가장 큰 제약이기도 하다. 우리의 경우 일부 바위는 더 어둡게, 일부는 더 녹색으로 만들고 싶다면 유니크 매터리얼을 생성해야 한다.

새로운 매터리얼을 생성하려면 프로젝트 창에서 Create 드롭다운 메뉴를 이용한다.

새로 생성한 매터리얼은 Mesh Renderer 컴포넌트로 게임오브젝트에 배정할 수 있다.

1. GameObject를 선택한다.

2. 인스펙터 창의 Mesh Renderer 컴포넌트로 간다.

3. 매터리얼 어레이[Materials array]의 요소 중 하나에 매터리얼을 배정한다.

셰이더 타입

각 매터리얼에서 가장 중요한 부분은 이를 렌더링할 정확한 셰이더를 정하는 것이다. 유니티에서는 내장형뿐 아니라 애셋 스토어에서 구할 수 있는 사용자가 생성한 수많은 셰이더를 사용할 수 있다. ShaderLab 코딩 언어를 이용해 직접 셰이더를 작성할 수도 있다. 하지만 이렇게 하려면 해당 주제에 대한 방대한 지식이 필요하다. 다행히도 유니티 5의 릴리스와 함께 프로젝트가 업그레이드되면서 대부분은 하위 호환성을 위한 후방 기능으로 옮겨져 레거시로 분류됐다. 이 모두는 단 하나의 스탠다드^{Standard}라는 디폴트 셰이더로 대체됐다.

매터리얼 매개변수

스탠다드는 매우 강력하고 다재다능한 매터리얼로, 다양한 커스터마이제이션 옵션이 있어 적용 범위가 폭넓다.

그럼 가능한 옵션들을 자세히 살펴보자.

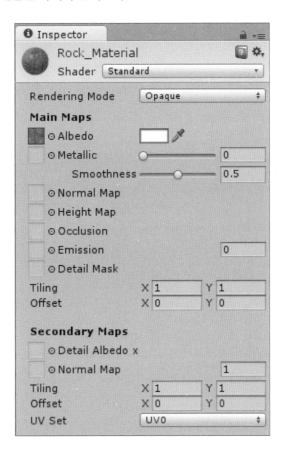

- Main Maps는 매터리얼이 활용하는 프라이머리 텍스처 세트다.
- Albedo 매개변수는 배정된 컬러 맵과 오른쪽 컬러 피커에서 정의할 수 있는 표면 컬러로부터 만들어진 디퓨즈^{defuse} 컬러를 정의한다.
- Metallic은 표면이 얼마나 매끄럽고 잘 반사하는지 정의한다. 커스텀 텍스처를 임 포트하거나 슬라이더를 이용해 매터리얼을 얼마나 금속성으로 보이고 싶은지 조 절할 수 있다. 이 매개변수는 Smoothness 슬라이더로 더 강화할 수 있다.
- Normal Map, Height Map, Occlusion, Emission은 3D 오브젝트의 표준 맵들이다. 이 책에서는 프롭과 캐릭터를 Normal Map과 Occlusion Map으로 작업하고, 다음 장에 서 지형을 생성할 때는 Height Map을 이용할 것이다.
- Detail Mask는 임포트된 텍스처의 알파 채널을 이용해 Secondary Maps의 마스크 를 생성하는 데 사용된다. Secondary Maps는 추가적인 컬러와 노멀 맵을 임포트 해 표면에 더 세부적인 표현을 생성할 수 있게 해준다. 겹쳐지는 부분을 조정하는 것이 Detail Mask의 역할이다.
- UV Set은 모델에 여러 개의 UV 셋이 있을 때 이를 토글할 수 있게 해준다.

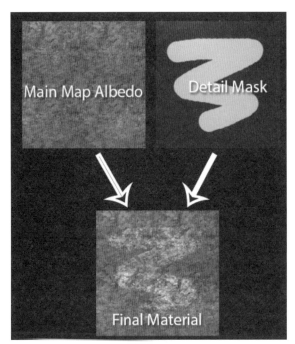

Detail Mask의 동작 방법에 대한 일반적인 개념을 볼 수 있다.

- Tiling은 x와 y 축을 따라 텍스처가 몇 번이나 반복되는지 조절할 수 있게 해준다.
- Offset은 x와 y 축을 따라 텍스처를 슬라이드해준다.

마지막 두 개의 매개변수는 우리가 임포트한 Rock_Color처럼 타일화할 수 있는 텍스처에 가장 알맞다. 타일링Tiling 매개변수의 x와 y 축을 5로 늘리면 우리의 바위 품질이 크게 향상된다. 타일링은 성능에 영향을 주지 않으며, 텍스처를 렌더링하는 데 더 많은 메모리를 쓰지도 않는다.

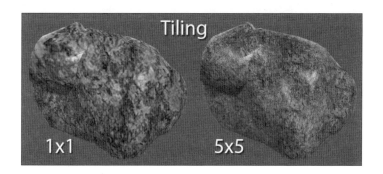

하지만 이렇게 하면 우리 모델에서 타일화할 수 없는 오클루전Occlusion과 노멀Normal 맵에 적용하려 할 때 문제가 생긴다. 이 딜레마를 해결하기 위해 두 맵 세트를 활용할 것이다.

1. Main Maps의 Albedo 매개변수에서 Rock_Color 텍스처를 제거하고 Secondary Maps의 Detail Albedo를 배정한다.

2. Albodo 매개변수 옆에 있는 컬러 피커를 이용해 어두운 회색으로 표면 컬러를 설정한다.

3. Smoothness 매개변수를 0.25로 설정한다.

4. Secondary Maps의 x와 y Tiling을 5로 설정한다(Main Map Tiling은 다시 1로 되돌려야 한다).

5. Main Maps의 Normal Map 매개변수를 Rock_Normal 텍스처로 배정하고 Fix Now 버튼을 클릭한다.

6. Rock_Occlusion 텍스처를 Occlusion 매개변수에 배정한다.

노멀과 오클루전 맵을 배정하면 우리 바위의 모습이 더 나아진다.

하지만 이 접근법에는 한 가지 문제점이 있는데, 세컨더리 맵들이 메인 맵보다 훨씬 고급화된다는 것이다. 그래서 유니티 개발자들은 메인 맵을 활용하지 않을 때는 세컨 더리 맵들을 활용하지 말라고 조언한다.

Normal Map을 배정할 때 Fix Now 버튼이 팝업되는 모습을 봤을 것이다. Normal Map 채널에 그렇게 마킹되지 않은 텍스처를 플러그인하려 하면 이 현상이 발생한다. Fix Now 버튼을 클릭하면 자동으로 Rock_Normal의 Texture Type을 Import Settings의 Normal Map으로 변경한다.

렌더링 모드

앞서 말했듯이, 표준 매터리얼에는 서로 다른 매터리얼을 채워주는 네 가지 다른 렌 더링 모드가 있다.

1. Opaque: 단단하거나 불투명한 오브젝트에 사용된다. 대부분의 오브젝트에 대한 디폴트 모드다.

2. Cutout: Albedo 알파 채널을 이용해 텍스처의 일부를 격리하는 데 이용된다.

3. **Transparent**: 유리처럼 투명한 오브젝트에 사용된다. 투명 값 매개변수는 Albedo 알파 채널에 의해 변경된다.

4. **Fade**: Transparent 모드와 굉장히 비슷하지만, 오브젝트의 반사도에도 영향을 줘서 Albedo 알파 채널을 조정해 점차 희미해지게 할 수 있다는 차이가 있다.

두 번째 모델을 준비하기 위해서는 매터리얼의 Cutout 렌더링 모드에 의존하게 된다.

1. **Bush_Color** 텍스처의 **Import** 세팅에서 **Alpha is Transparency** 박스를 체크한다. 이러면 알파 채널을 활용해서 나뭇잎을 렌더링할 수 있게 된다.

2. **Bush_Material**의 Rendering 모드를 Cutout으로 변경한다.

3. **Exposed Alpha Cutoff** 슬라이더를 이용해 얼마나 잘라낼지 조정할 수 있다.

유니티의 LOD 사용

LOD는 세부 묘사 수준^{Level of Details}을 의미하는 약어로, 화면 크기에 따라 매우 세밀한 오브젝트들을 단순한 지오메트리로 변환해 게임을 최적화해주는 굉장히 유용한 기능이다.

LOD는 오브젝트가 여느 다른 프로그램처럼 카메라와의 거리뿐만 아니라 게임 화면의 몇 퍼센트를 차지하는지에 따라서도 토글할 수 있다.

유니티에서 LOD는 **LOD Group** 컴포넌트에 의해 표현된다.

LOD 준비

LOD가 작동하게 하려면 실제의 모델, 더 정확히 말해서 폴리곤 수^{polycount}를 단계별로 축소한 동일한 모델의 여러 버전이 있어야 한다. LOD 모델을 생성할 때는 다음의 도움말을 지키는 것이 좋다.

- 유니티에서는 원하는 만큼 버전을 생성할 수 있으므로, 버전 개수는 원하는 만큼 만든다.
- 모델이 변환될 때 플레이어들이 눈치채지 못하도록 오브젝트의 실루엣을 최대한 가깝게 맞춘다.

유니티의 LOD 설정

LOD가 어떻게 작동하는지 보여주기 위해, 1장에서 임포트했던 외부 패키지의 메시를 활용한다. 패키지를 성공적으로 임포트했는지, 프로젝트 창에서 **Chapter 2 ➤ Ruin** 폴더에 있는지 확인하자. 시작하려면 다음과 같이 한다.

1. 상단 메뉴에서 **GameObject ➤ Create Empty**로 비어있는 게임오브젝트를 하나 생성하자.

2. LODParent라고 이름 붙인다(이름은 바꿔도 좋다).

3. **AddComponent ➤ Rendering ➤ LOD Group**으로 **LOD Group** 컴포넌트를 부착한다.

원칙적으로, 실제 LOD로 사용할 게임오브젝트에는 **LOD Group**을 부착하지 말자. 대신, 비어있는 게임오브젝트에 부착해야 한다.

Inspector 뷰에서 LOD 그룹 컴포넌트로 사용할 수 있는 속성들을 보자.

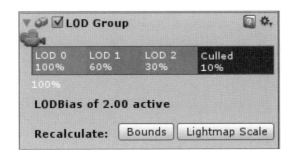

상단에 있는 LOD 그룹은 이 오브젝트가 가지고 있는 LOD의 개수와 그 사이의 변환 임계치를 결정한다. 앞서 언급한 대로, 변환은 화면 공간과 특정 LOD 그룹이 사용될 최대치를 나타내는 그룹 이름의 퍼센티지에 따라 이뤄진다.

더 많은 LOD 그룹은 이렇게 생성할 수 있다.

1. LOD Group을 우클릭한다.

2. Insert before를 선택한다.

원하지 않는 LOD 그룹은 삭제할 수도 있다.

1. 특정 LOD Group을 우클릭한다.

2. Delete를 선택한다.

임계점은 고정된 것이 아니며, LOD Group 경계를 드래그해 원하는 대로 조정할 수 있다.

LOD 그룹 위의 카메라 아이콘은 LOD 그룹 사이의 변환을 확인하면서 수동으로 카메라를 조정할 수 있도록 해주는 슬라이더다.

Renderers는 LOD Group이 활성화돼 있을 때 눈에 보이는 모델의 목록이다. 이를 보려면 아무 LOD 그룹이나 선택한다. Add 버튼을 클릭하거나 놓고 싶은 모델을 끌어다 놓으면 모델을 추가할 수 있다. 모델을 제거하려면 단지 하단 왼쪽 모퉁이에 있는 마이너스 아이콘을 클릭한다. 모델에 LOD 그룹을 배정하는 또 한 가지 방법은 직접 LOD 그룹에 드롭하는 것이다. 새로운 모델을 추가할 때마다 유니티에서는 선택된 오브젝트를 LOD 그룹의 오브젝트에 부모 관계로 연결할지 묻는 메시지를 띄운다. 이것은 필수 단계는 아니지만, 그렇게 하기를 권한다.

Bounds는 새로운 LOD 레벨을 추가한 다음, 오브젝트의 바운드 볼륨을 다시 계산할 수 있게 해준다.

Lightmap Scale은 LOD 바운드가 재계산될 때마다 라이트맵의 Lightmap 속성에서 Scale을 업데이트해준다.

Ruin 프리팹을 Culled 그룹만 제외하고 모두 해당하는 LOD Group에 끌어다 놓는다. Culled는 모델이 카메라에 가려지게 되는 지점이다.

1. Ruin_LOD1을 LOD0으로

2. Ruin_LOD2를 LOD1로

3. Ruin_LOD3을 LOD2로

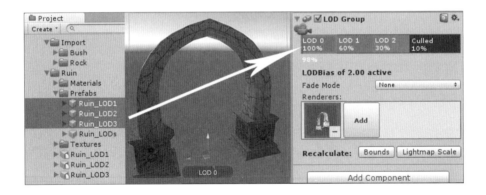

이렇게 하면 Ruin 게임오브젝트가 LODParent 위치에 들어가서 현재 렌더링되는 LOD 그룹임을 표시해준다. 이제 카메라 슬라이더로 LOD들을 테스트하면서 임계점을 넘어갈 때 모델들을 토글해볼 수 있다.

LOD Bias

많은 이들이 카메라 슬라이더를 이용할 때 모델이 임계점에서가 아니라 무작위적인 곳에서 변하는 것처럼 보여서 당황한다. 이런 현상이 나타나도 당황하지 말자. LOD 그룹에 명시돼 있는 **LOD Bias** 매개변수의 영향을 받아서 일어나는 자연스러운 현상일 뿐이다. **LOD Bias**는 게임의 품질 설정에 따라 LOD 그룹 임계점을 조정하는 데 쓰인다. 수치가 커질수록 LOD 그룹이 변하는 데 필요한 화면 공간의 수치가 그에 맞춰 조정된다.

1. LOD Bias를 조정하려면 Edit ➤ Project settings ➤ Quality settings로 가자.
2. 이제 현재 품질 수준을 선택하고 **LOD Bias** 매개변수를 1로 변경하자.

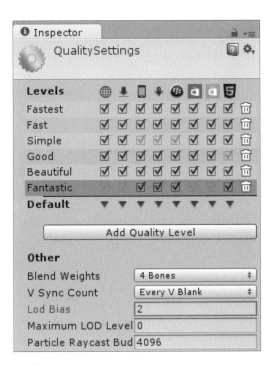

이제 진행해도 좋으며, 게임오브젝트 변환 모델들은 지정한 위치에 들어가 있을 것이다.

유니티의 LOD 사용법은 여기까지다. 게임에서 반드시 사용해야 하는 것은 아니지만, 제대로 사용하기만 하면 성능에 확실히 도움이 된다.

콜라이더

콜라이더^{Collider}는 오브젝트 간의 물리적 상호작용을 등록하는 데 쓰이는 껍데기다. 하지만 그렇다고 해서 오브젝트들이 서로에게로 움직이는 것을 막아주지는 않는다. 콜라이더는 콜리전을 등록하기 위해 있는 것이지 이를 막기 위해 있는 것이 아니다. 오브젝트에 콜라이더를 추가하려면 Physics ➤ Box Collider에 있는 Box Collider라는 컴포넌트를 또 하나 추가해야 한다. 콜라이더의 목적은 자신과 물리 효과에 의해 조종되는 오브젝트들 간의 콜리전을 등록하는 것이며, 기본적으로 캐릭터가 벽을 통과해 걸어가거나 바닥을 뚫고 떨어지는 일을 막아준다. 콜라이더는 Edit Collider 버튼을 클릭하고 그 경계선을 드래그해 수동으로 변형할 수 있다.

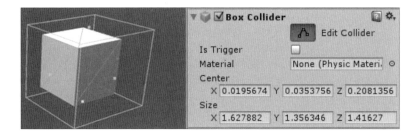

더 많은 콜라이더가 있는 것을 눈치챘을지도 모르겠지만, Box Collider가 단순한 지오메트리 덕분에 가장 널리 쓰인다. 오브젝트 토폴로지와 콜리전 정확도 요건에 따라, 더 많은 콜라이더 컴포넌트를 추가해 여러 콜라이더를 써야 할 수도 있다. Mesh Collider를 사용하면 최고의 결과를 낼 수 있는데, 이 콜라이더는 배정된 메시 참고 자료의 토폴로지를 복제하기 때문이다. 하지만 이 콜라이더는 성능 자원을 가장 많이 소모하므로 동적 오브젝트에 지나치게 사용하면 문제가 될 수 있다.

요약

이제 당신은 게임오브젝트를 조작하고, 컴포넌트를 추가하고, 모델과 텍스처를 임포트하고, 에디터에서 매터리얼의 환경 설정을 편하게 할 수 있을 것이다. 유니티 엔진이 정말 얼마나 간단한지 목격하고 나면 더 마음에 들 것이다. 특정 3D 앱에서 오브젝트 임포팅을 어떻게 해야 할지에 대해 더 많은 정보를 알고 싶다면 http://docs.unity3d.com/Manual/HOWTOimportObject.html에서 볼 수 있는 공식 문서를 참고하자.

매터리얼과 물리 효과 기반의 셰이딩에 대해 더 알아보고 싶다면 www.youtube.com/watch?v=fD_ho_ofY6A에서 공식 튜토리얼을 보기 바란다.

다음 장에서는 유니티의 내장 지형 시스템을 살펴보고 이를 어떻게 사용하는지 배워보자.

3

풍경 만들기

이제 앞서 만든 그레이블록을 임포트한 애셋에 입히고, 주변 환경을 구축하면서 유니티의 네이티브 툴을 소개할 때가 됐다. 다음의 툴이 우리를 도와줄 것이다.

* 지형 생성
* 지형 스컬팅, 페인팅, 텍스처링
* 하이트맵heightmap을 이용한 지형 생성
* 유니티 물water 사용
* 유니티 트리 에디터tree editor 학습
* 나뭇잎 추가
* 지형 설정
* 스카이박스skybox 추가

이 장을 모두 읽고 나면 직접 외부 레벨을 생성할 뿐 아니라 여기에 숲, 연못, 나뭇잎을 넣을 수 있게 될 것이다.

지형 생성

풍경을 구축하려면 유니티 지형terrain을 써야 한다. 사용법과 수정이 정말 쉬운 이 네이티브 애셋은 최적화까지 돼 있으므로 아티스트들이 임포트한 지형에 일반적으로 할 수 있는 것보다 더욱 창의력을 발휘할 수 있다.

우리의 외부 레벨은 지난 2장에서 그레이블록 위에 바닥으로 사용한 프리미티브를 대체할 기본 지형으로 시작해보자. 기본 지형을 생성하려면 GameObject ➤ 3D Object ➤ Terrain으로 간다. 이러면 Hierarchy 뷰에 지형 애셋이 스폰돼 씬에 놓인다.

지형은 다른 여느 게임오브젝트와 같지만 두 개의 중요한 컴포넌트가 부착돼 있다.

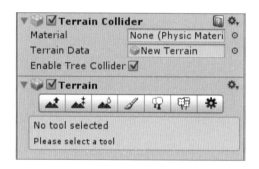

Terrain Collider 컴포넌트는 지형을 위한 콜라이더를 생성한다. 주위를 둘러싼 일반적인 바운딩 박스는 눈에 보이지 않지만, 실제로는 존재한다. 형태는 지형 오브젝트 자체가 레퍼런스로 배정된(New Terrain) Terrain Data 매개변수에 의해 정의된다. 이 지형 오브젝트는 프로젝트 창에서 찾을 수 있으며, 지형과 함께 생성된다. 이름을 바꾸거나 Terrain Data 매개변수에 다른 레퍼런스를 배정할 수도 있지만, 사실 이럴 필요가 생기는 상황은 발생하지 않을 것이다.

Enable Tree Collider 매개변수는 투명하지 않다. 나무와 이를 어떻게 제대로 설정하는지에 대해서는 이후에 다시 다루겠다. 지금은 이 매개변수로 인해 나무가 부착된 콜라이더들을 활용할 수 있게 된다는 것만 알아두면 된다.

Terrain 컴포넌트는 모든 기능을 담고 있는 스크립트이자 지형에 사용해야 할 툴이다. 이 부분은 심도 있게 알아볼 필요가 있으므로 지금부터 시작해보자.

스컬팅

툴박스 왼쪽에 있는 첫 번째 세 개의 툴은 다양한 조형적 용도에 사용된다.

툴은 매우 단순하고 명확하며, Brush Size와 Opacity 같은 대부분의 매개변수를 Settings 섹션에서 변경할 수 있게 해준다. 이들은 슬라이더로 조절하는 퍼센트 기반 의 매개변수다.

Brush Size는 매개변수 값 100으로 표시되는 텍스처의 사이즈가 기준이 되며, 슬라이 더로 확대하거나 축소할 수 있다.

Opacity는 적용된 효과를 컨트롤하며, 궁극적으로는 브러시 텍스처의 그레이스케일 변화도를 기준으로 하므로 값을 낮추면 흰색에 가까워진다. 이런 툴을 사용할 때, 실 제로는 지속적으로 업데이트되는 지형의 하이트맵heightmap을 페인팅하는 것이다.

Raise/Lower Terrain은 지형 스컬팅Sculpting에 흔히 사용하는 툴이다(가장 왼쪽 버튼).

* 마우스 왼쪽 버튼을 누른 채 지형의 표면 위로 움직이면 지형이 올라간다
* Shift 키를 누른 채 지형의 표면 위로 마우스를 움직이면 반대 현상이 일어난다

> 이 효과를 다시 적용하려면, 브러시를 움직이거나 그냥 브러시 위치를 조정하면서 여러 번 클릭한다.

Paint Height 툴은 브러시를 이용해서 Height 매개변수를 통해 결정된 만큼 지형을 올 릴 수 있게 해준다. 고원을 생성하거나 지형 높이를 더 잘 조정해야 할 때 쓰면 좋다.

특정 영역 위에서 Shift 키를 누르고 있으면 해당 높이를 샘플링해 해당 값을 Height 매개변수에 배정한다. Height 매개변수 옆의 Flatten 버튼을 클릭하면 지형 전체가 특 정 높이가 된다.

한 가지 염두에 둬야 할 것은 지형을 편집할 때 높이를 0 이하로 잡을 수는 없다는 점이다. 그러므로 지면에 구멍을 만들려면, 우선 지형 높이를 올린 후에 구멍이 될 영역을 Raise/Lower Terrain 툴로 내려야 한다.

Smooth Height 툴은 주위의 높이 값들을 평균으로 처리해 더 부드러운 높낮이의 지형을 만들어낸다.

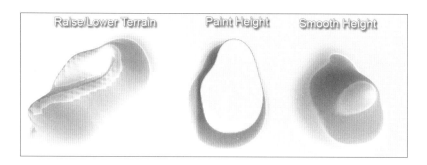

브러시

지형 편집에서 사용할 모든 툴은 디폴트 브러시와 똑같다. 브러시의 수에는 옵션과 마찬가지로 제한이 있지만, 커스텀 브러시를 임포트해서 사용할 수도 있다.

브러시 생성

연습을 위해 GIMP 2.8을 이용해 브러시를 만들 텐데, 선호하는 어떠한 2D 앱이라도 사용할 수 있다.

우선 새로운 파일을 하나 생성한다. 사이즈가 클 필요는 없고, 64×64면 충분하다. 가능하면 그레이스케일 컬러를 사용한다고 명시하고, 투명한 배경으로 설정해야 한다 (포토샵 이용자인 경우 그레이스케일 모드로 바꾸고 배경 레이어를 삭제하기만 하면 된다).

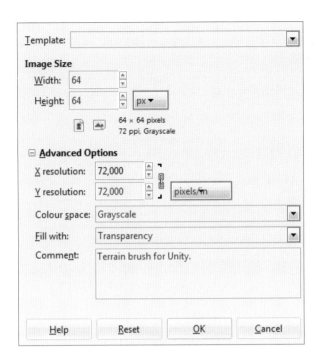

그레이스케일 컬러를 사용해 원하는 무엇이든 그린다. 반드시 해당 영역의 브러시 효과보다 더 어두운 값을 쓰거나 그 반대로 처리하자.

이제 .png 포맷으로 파일을 저장하고 brush_0라고 이름 붙이자(여기에서 이름 붙이기는 매우 중요하다). GIMP 사용자라면 File ➤ Export As로 간 후 익스포트에서 .png 포맷을 선택한다.

Export	Ctrl+E
Export As...	Shift+Ctrl+E
Create Template...	

브러시 임포팅

이제 까다로운 부분이다.

1. 유니티의 프로젝트 창에서 새로운 폴더를 생성해 Gizmos라고 이름 붙인다.

2. 새로 생성한 브러시를 폴더로 임포트한다.

3. 유니티를 재시작한다.

이제 새로운 브러시가 유니티로 임포트된 것이 보이고, 팔레트에서 선택 가능한 상태가 돼 있을 것이다.

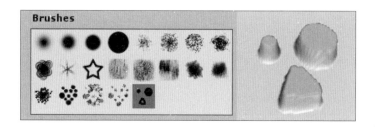

브러시가 임포트되지 않으면, 다음과 같이 문제를 해결하자.

1. 브러시 폴더의 이름이 Gizmos인지 확인한다.

2. 브러시 이름이 brush_0인지 확인한다.

3. 브러시에 .png 확장자가 있는지 확인한다.

4. Gizmos 폴더가 다른 폴더에 들어있지는 않은지 확인한다.

5. 유니티를 재시작한다.

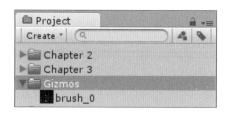

새로운 브러시에는 단순히 0부터 시작해 숫자를 올려 붙이면 된다(brush_0, brush_1, brush_2 등). 0 이외의 다른 숫자부터 시작할 수는 없으며, 이름 붙이기 관례를 어기면 원하는 대로 브러시를 사용할 수 없다.

그럼 다음 절에서는 우리 레벨의 지형 편집을 시작하면서 이 툴들을 연습해본다.

하이트맵을 이용한 지형 생성

처음으로 지형을 다뤄보는 디자이너들이 맞닥뜨리는 가장 흔한 이슈는 바로 확대/축소다. 스케일을 수정하는 과정은 상당히 짜증스럽고, 지형의 큰 부분을 다시 편집해야 할 수도 있으므로 디폴트 툴셋으로 선택한 영역을 그냥 축소하거나 확대해서는 안된다. 수동으로 다시 그려야 한다. 고맙게도, 처음 시도에서 원하는 것에 가까운 구현을 해낼 수 있는 쉬운 방법이 있다. 바로 하이트맵^{heightmap}의 사용이다.

하이트맵은 브러시와 똑같은 방식으로 작동한다. 엔진이 그레이스케일 컬러를 고도 데이터로 해석해 지형에 적용해주는 것이다. .raw 포맷으로 익스포트를 지원하기만 한다면 어떤 앱으로든 쉽게 생성할 수 있다(GIMP와 포토샵이 그렇다).

하이트맵의 정확성을 높이기 위해, 그레이스케일 레벨을 위에서 내려다본 스크린샷을 찍어서 그려가는 동안 이 위치의 프리미티브들을 참고 포인트로 사용하면 좋다.

그럼 GIMP 2를 이용해 우리의 하이트맵을 어떻게 생성하는지 살펴보자.

하이트맵 그리기

다음 특성을 가진 새로운 이미지를 생성하는 것으로 시작하자.

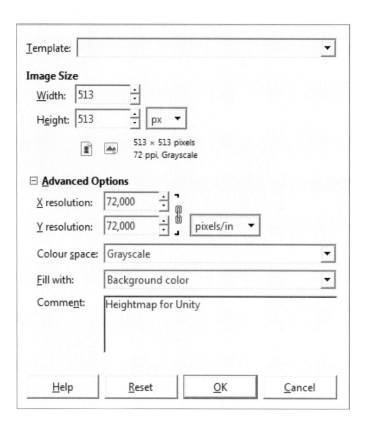

유니티의 하이트맵은 매우 단순한 규칙을 따른다. 사이즈는 2의 승수 + 1 픽셀이다 (보통의 사이즈는 512인데, 2의 승수 + 1을 하면 513이므로 이 사이즈를 사용한다).

하이트맵의 경우 회색조로 작업할 것이므로, 그레이스케일 모드를 사용해야 한다.

실제의 하이트맵은 그냥 흑백의 이미지다. 밝은 쪽이 더 높아서 지형이 올라간 곳이 된다.

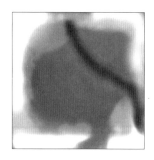

그레이스케일 스크린샷을 임포트하면 하이트맵의 어디를 어떻게 페인트해야 하는지 쉽게 알아볼 수 있다. 흰 부분이 지형에서 얼마나 높게 나올지는 걱정하지 말자. 지금 시점에서는 톤을 구분하고 고도의 변화를 어디에 줄지만 연습하면 된다. 위의 예에서는 레벨을 가로질러 개울이 흐르도록 해서, 플레이어가 언덕을 내려가 개울에 다가갈 수 있도록 만들고자 한다.

하이트맵 익스포팅

이제 하이트맵을 그렸으니, .raw 포맷(유니티에서 받아들이는 유일한 포맷이다.)으로 익스포트해야 한다. 하이트맵을 익스포트하려면 다음 순서를 따른다.

1. File ➤ Export As...로 간다.
2. Select File Type 메뉴에서 스크롤해 내려가 Raw image data를 선택한다.
3. 파일에 이름을 붙인다.
4. Export를 클릭한다.

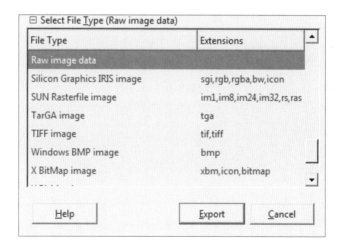

5. 다음 창에서 RGB Save Type 하위의 Planar (RRR,GGG,BBB) 옵션을 반드시 선택해야 한다.

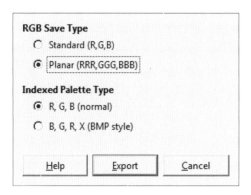

지형에 하이트맵 적용

다시 유니티로 돌아오자! Terrain Settings (톱니바퀴 기호가 있는 가장 오른쪽 탭) 제일
밑에는 두 개의 옵션이 있는 Heightmap 범주가 있다.

Export Raw…는 현재의 하이트맵을 익스포트해서 수정할 수 있게 해준다.

Import Raw…는 직접 만든 현재 지형의 하이트맵을 이용하는 것으로, 이 옵션을 선택
해야 한다.

Import Raw… 버튼을 클릭하고 우리의 하이트맵을 선택하면 Import Heightmap 창이
열린다. 임포트가 잘 되려면, 다음 옵션을 정확히 설정해야 한다.

- Depth는 8비트여야 한다.
- Width와 Height는 우리 하이트맵의 X와 Y 값에 상응해야 한다(513×513).
- 사용하는 운영체제에 따라 Byte Order를 Windows나 Mac으로 설정해야 한다.
- Terrain Size는 그대로 둬도 되지만, 선호하는 크기로 바꾸면 더 좋다(우리는 100×
  30×100으로 한다).

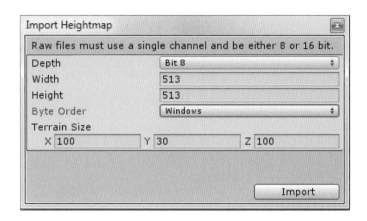

이제 됐다. 모든 설정을 마치면 지형이 하이트맵과 일치하는 모양으로 돼 있을 것이다.

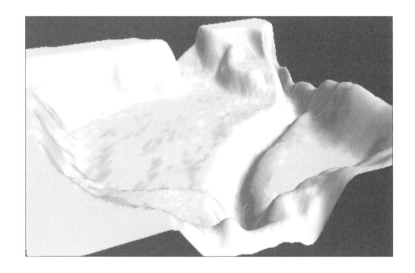

그려진 하이트맵은 다소 거칠다. 따라서 이제 시간을 좀 들여 지형 툴로 다듬어보자.

하이트맵 생성 시에는 포토샵, 마야, 블렌더, 월드 머신World Machine, 테라젠Terragen, Z브러시Zbrush 등 여러 앱을 사용할 수 있다. GIMP 2는 무료여서 누구나 사용할 수 있으므로 예제에 사용한 것이다.

레벨 메싱

하이트맵을 적용하고 지형을 다듬고 났다면, 그레이블록 프리미티브를 최종 레벨에 사용할 실제 오브젝트로 바꾸기 시작해도 된다. 대부분의 모델은 Chapter 2 폴더에서 찾을 수 있다. 아니면 유니티 애셋 스토어에서 애셋 팩을 다운로드하거나 직접 만든 모델들을 임포트해도 좋다.

오브젝트 레이어

지형 편집을 더 진행하기 전에, 언급할 만한 흥미로운 기능을 짚고 넘어가자. 레벨에 추가된 애셋의 수가 늘어나는 것을 관리하기 위해서는 서로 다른 레이어로 분산시킬 수 있다.

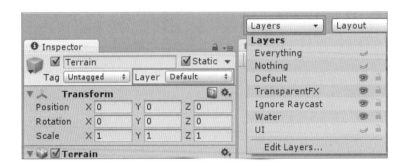

레벨 내의 모든 게임오브젝트는 특정 레이어에 배정되며, 오브젝트의 레이어는 인스펙터 창의 상단에 있는 드롭다운 메뉴에서 선택해 변경할 수 있다.

오브젝트들을 별도의 레이어에 놓는 데에는 두 가지 큰 장점이 있다.

- Hide/Show Layer에서 에디터 내의 오브젝트를 숨김/보이기 처리할 수 있다. 제작 과정에서는 웨이포인트[waypoint] 같은 시각 표시 역할을 하는 오브젝트들을 숨길 수 있으므로 매우 유용하다.
- Locking Layer for Picking은 실수로 원치 않는 오브젝트를 선택하지 않도록 관리하는 데 특히 유용하다.

이런 옵션은 툴바의 Layers 드롭다운 메뉴에 있다. 이제 지형의 텍스처링을 해야 하므로 모든 애셋은 커스텀 레이어에 넣고 잠근 다음, 필요할 때만 표시하는 게 좋다.

커스텀 레이어를 추가하려면, 인스펙터 창의 Layer 드롭다운 메뉴에 있는 Add Layer 옵션을 클릭하거나 툴바의 Layers 드롭다운 메뉴에 있는 Edit Layers...를 사용한다.

이러면 Tags & Layers 창이 뜨는데, 여기에서 User Layer 필드를 채우면 새로운 레이어들을 추가할 수 있다.

지형 텍스처

이제 지형을 조형하고 모델들을 배치했으니, Paint Texture 툴로 텍스처를 추가해 보자.

텍스처 임포팅

이 예제에서는 Chapter 3 ➤ Textures 폴더에 있는 텍스처들을 프로젝트 창에서 사용할 것이다. 또한 유니티의 내장 패키지를 임포트해서 텍스처를 더 다양하게 만들 수도 있다.

1. Assets ➤ Import Package ➤ Environment로 간다.

2. Import를 클릭한다.

그러면 이후 우리가 사용해야 할 지형과 나무 모델을 위한 텍스처들이 임포트된다.

유니티는 지형에 멀티레이어 텍스처링을 지원한다. 이 기능은 아주 직관적이며 이해하기 쉽다. 여러 가지 텍스처를 겹쳐 올리고, 텍스처 모두 특정 부분에서 불투명 값 매개변수가 공유되므로, 수동으로 특정 텍스처의 투명도를 낮추면서 다른 텍스처의 투명도는 올릴 수도 있다. 정확히 엔진 내부에서 이런 일이 일어나는 것은 아니지만, 유니티에서 지형 텍스처를 작업할 때는 이런 경험을 하게 될 것이다.

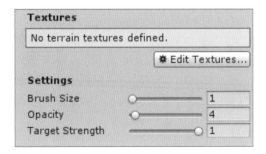

목록에 텍스처를 추가하려면 그냥 **Edit Textures···** 버튼을 클릭하고서 **Add Texture**를 선택한다. 그러면 새로운 창이 열려서 해당 텍스처의 컬러와 노멀 맵을 선택할 수 있게 된다. **Albedo** 매개변수에는 Dirt_Color를 선택하고, **Normal** 매개변수로는 Dirt_Normal을 선택한 후 (지형은 현재 표준 셰이더를 사용하고 있다.) **Add**를 클릭한다.

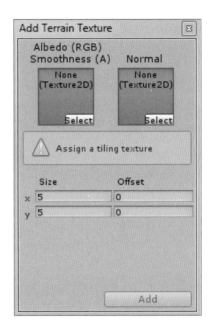

텍스처를 고를 때의 옵션은 매우 간단하다.

* **Size**: 텍스처를 x 및 y 축을 따라 위아래로 확대/축소할 수 있게 해준다.
* **Offset**: 정해진 수치만큼 오프셋 처리한다. 이 옵션은 사용할 일이 거의 없을 것이다.

이제 지형이 완전히 이 텍스처로 덮인 것을 알 수 있다. 유니티는 이 작업을 항상 한다. 자동으로 목록의 첫 번째 텍스처가 당신이 지형을 뒤덮고자 하는 디폴트 배경 텍스처라고 간주하므로, 텍스처 배정 순서를 결정할 때는 이 점을 기억해두자.

 일단 추가하고 나서는 텍스처의 순서를 바꿀 수 없다(순서를 바꿀 필요 역시 거의 없을 것이다).

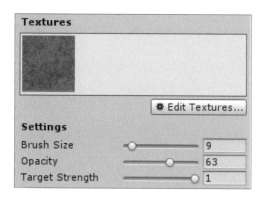

텍스처 설정은 지형 스컬팅과 매우 유사하다. 한 가지 기억해둬야 할 것은 똑같은 지점에 텍스처를 겹쳐 페인트하면 Opacity 매개변수에 명시했던 만큼 불투명도가 올라가(63이라면 63퍼센트) Target Strength 값까지 불투명해진다(1은 100퍼센트)는 것이다. 이 때문에 이전에 살펴봤던 Paint Height 툴과 매우 유사하다.

직접 커스텀 텍스처를 넣으려 할 때 반드시 따라야 하는 특별한 요건은 없다. 몇 가지 추천만 한다.

* 텍스처는 타일화할 수 있어야 한다.
* 텍스처의 Import Settings에서 Wrap Mode는 Repeat로 설정해야 한다.

이 정도면 된다. 팔레트에 추가 텍스처를 넣고 지형에 페인트하면서 툴에 적용해보자.

지형 텍스처링

Chapter 3 폴더에서 나머지 텍스처를 가져와서 레벨에 활용해보자. 이 텍스처들을 어떻게 레벨에 활용하고 합쳐 넣을지는 각자의 예술적 선택에 달려 있다. 참고 자료가 필요하다면 프로젝트 창에서 Chapter 3 Finished 폴더 안에 있는 완료된 레벨을 참고한다.

유니티의 물

유니티 5에는 세 가지 서로 다른 물 솔루션이 있는데, 복잡도와 하드웨어 요건에 따라 다른 것을 쓰면 된다. 다양하게 제공된다는 것 외에, 유니티의 물은 그저 장식적인 역할을 할 뿐이다. 물리 오브젝트로 해석되지도 않으며, 캐릭터가 물 속으로 들어갈 때 카메라가 포스트 프로세싱을 더하지도 않는다. 하지만 게임에서 물이 그저 보기 좋은 환경을 위해 존재하는 것 이상의 역할을 요구받는 경우는 드물기 때문에 이를 단점이라 하기는 어렵다. 프로젝트에 더 리얼한 솔루션이 필요하다면 유니티 애셋스토어에서 찾아보는 것도 좋다.

Environment 패키지를 임포트했다면 Standard Assets ➤ Environment ➤ Water에서 물 프리팹을 찾을 수 있을 것이다. 그 안에서 Water ➤ Water 4 ➤ Water (Basic)을 찾아가자.

이 책에서는 유니티의 물에 대한 소개는 짧게 끝내고, 활용할 수 있는 물 솔루션에 집중한다. Standard Assets ➤ Environment ➤ Water ➤ Water ➤ Prefabs에서 WaterProDaytime 프리팹을 찾아서 씬으로 끌어오자.

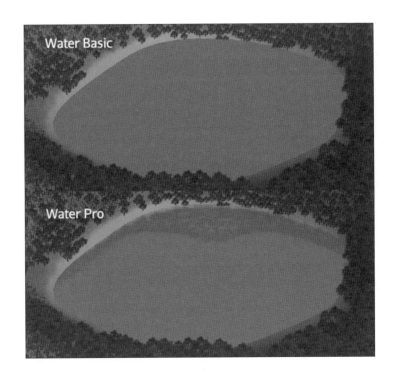

게임오브젝트를 자세히 살펴보면 두 가지가 유니티 물로 변하는 것을 볼 수 있
다. 물의 행동 양식을 컨트롤하는 중요한 매개변수가 들어있는 Water 컴포넌트와
WaterProDaytime 매터리얼이다.

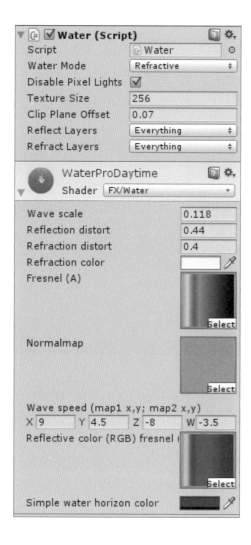

Water Mode에는 세 가지 옵션이 있는데, 이 옵션은 사용자의 비디오 카드가 지원하는 셰이더 버전에 의존한다.

- Simple은 대부분의 그래픽 카드에서 작동한다.
- Reflective는 픽셀 셰이더 1.4 이상을 지원해야 한다.
- Refractive는 2.0 픽셀 셰이더 지원이 필요하다.

특정 모드가 지원되지 않을 때는 유니티가 설정을 하향 조정하기 때문에 여기에 대해서는 크게 걱정할 필요가 없다. 하지만 모든 모드에서 설정을 조정해야 한다면 추가 작업량이 늘어난다는 것만 기억해두자.

Texture Size 매개변수와 Disable Pixel Lighting은 메뉴명 그대로다.

Reflect Layers와 Refract Layers는 물 표면에서 반사를 없애고 싶은 레이어를 선택할 수 있게 해준다.

Wave scale은 노멀 맵 값을 조정할 수 있게 해주는데, 슬라이더의 값을 내릴수록 파도 높이가 커진다.

Refraction distort와 Reflection distort는 물 표면에서 오브젝트가 얼마나 많이 반사되고 왜곡될지 조정한다.

Refraction color는 물 표면을 특정 색조로 표현한다(Refraction 모드의 물은 거의 투명하므로 색조의 느낌을 주게 된다).

더 많은 옵션을 적용해서 더 복잡한 것을 표현해보고 싶다면 Standard Assets ➤ Environment ➤ Water ➤ Water4 하위의 Water4를 사용해보자. Water4Advanced 프리팹은 수면 밑에 있는 오브젝트 주위에서 파도가 오르내리면서 거품이 형성되는 것처럼 보이게 한다(실제로 이런 일이 일어나는 것은 아니다).

물에 대한 소개는 여기까지다. 물은 시각적 표현에만 작용하는 매우 틈새적이고 제한적인 기능이다. 우리 레벨에는 계속 WaterProDaytime 프리팹을 사용해 강둑을 따라 복제한다.

레벨에 나무 추가

레벨에 나무를 채우고 숲을 만들려면 Place Trees 툴을 사용한다.

일단 이것 하나는 짚고 넘어가자. 나무는 진짜 '나무'가 아니다. 하지만 다른 나뭇잎과 나무처럼 동작하지 않는 환경적 세부 사항은 보존해둬야 한다. 이런 요소를 위한 다른 툴은 다음 주제에서 함께 살펴본다.

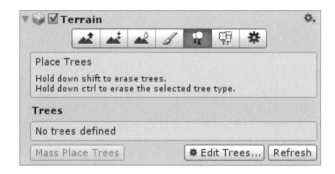

Place Trees 툴의 커스터마이제이션 옵션과 이용법은 매우 제한적이다. 다른 툴과 마찬가지로 팔레트에 오브젝트가 없이 시작하므로, 작업할 오브젝트를 추가해야 한다. 그러려면 Edit Trees… > Add Tree로 간다.

이제 새로운 옵션 창에서 오브젝트 피커로 나무를 하나 선택한다. 임포트한 스탠다드 패키지에서 Palm_Desktop을 선택한다.

여기서 우리가 쓸 수 있는 옵션은 Bend Factor뿐이다. 이 매개변수는 유니티 Tree Creator로 생성된 나무를 선택할 때만 나타나고 작동하며, 바람이나 Wind Zone 이 씬에 존재할 때 나무가 얼마나 바람에 반응하고 구부러져야 하는지 컨트롤한다 (GameObject › 3D Objects › Wind Zone). Palm_Desktop 나무는 SpeedTree 앱으로 생성한 것이므로 이 매개변수를 사용할 수 없다.

 나무들은 그룹화된 오브젝트와는 함께 작동하지 않는다. Mesh Renderer 컴포넌트가 있는 루트 게임오브젝트만 이용하고, 계층 라인에 있는 다른 오브젝트들은 무시한다.

이제 팔레트에 나무가 있으니 어떤 옵션이 있는지 보자.

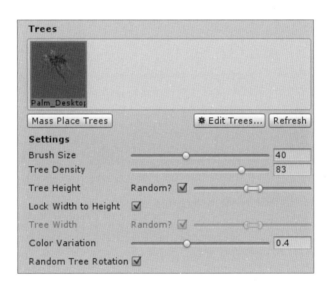

Brush Size는 나무들이 생성될 영역의 크기를 조정하며, 한 번 그을 때마다 나무의 수가 늘어난다.

Tree Density는 지형의 유닛 하나에 배치할 수 있는 나무의 수를 조정한다. 같은 나무들을 반복해서 그릴 때 실수로 밀집도가 증가하는 것을 막아주므로 무척 편리하다.

Tree Height, Tree Width, Color Variation 매개변수는 나중에 보겠지만, 나무의 키와 폭, 컬러를 다양하게 해준다. 이로써 만들어낸 나무로 더욱 자연스러운 숲 분위기를 낼 수 있다. Color Variation은 일부 나무들은 더 밝게, 나머지는 더 어둡게 음영을 준다. Tree Height와 Tree Width 역시 매우 유용한 매개변수다(폭은 X와 Z 축을 따라 크기를 조절한다).

Lock Width to Height 체크박스를 표시하면 Tree Width 매개변수가 비활성화돼 Tree Height 매개변수로 고정된다.

Tree Height와 Tree Width 매개변수 옆에 있는 Random 체크박스는 범위 슬라이더를 통한 나무의 확대/축소 범위를 명시하거나(Random?이 체크된 경우) 모든 나무를 위해 입력한 확대/축소 수치로 고정하게(Random?이 체크되지 않은 경우) 해준다.

나무 페인팅은 지금까지 해온 것들과 매우 유사하다. Mass Place Trees 버튼은 임포트한 모든 나무를 지형에 분포시킨다. 이 버튼을 누르면 배치하고자 하는 나무의 수를 명시할 수 있다. 유니티는 팔레트에 있는 모든 나무 중에서 해당 개수의 나무를 분배해 지형에 배치한다.

나무를 배치한 다음에는 Shift 키를 눌러 원하지 않는 곳의 나무를 지우거나 Ctrl 키를 눌러 정해진 종류의 나무만 지울 수 있다.

그럼 Terrain Collider 컴포넌트에 있는 Enable Tree Collider 매개변수로(3장의 시작 부분에 언급했던 기능이다.) 돌아가보자. 이 매개변수를 체크하면 나무들에 자동으로 콜라이더가 생긴다고 흔히 오해한다. 실제로 그렇지는 않으며, 나무들에 콜라이더를 생성해야만 활성화할 수 있다. 레벨에는 쉽게 수천 그루의 나무를 넣을 수 있지만, 모든 나무에 대한 콜리전을 연산하는 것은 불가능할 뿐 아니라 성능에 부하를 줄 수 있다. 그래서 콜라이더가 있는 나무와 그렇지 않은 나무를 관리하고, 필요에 따라 이용해야 하는 것이다. 또한 빌보드billboard 기술을 이용해 나무 역시 최적화하면 씬에 나무가 많을 때도 걱정하지 않아도 된다.

 나무를 수정할 때는 Refresh 버튼을 반드시 눌러서 변경 사항이 씬에 나타나게 하자.

유니티 트리 에디터 사용법

트리 에디터는 유니티의 네이티브 기능으로, 나뭇가지와 그 위에 자라난 것이(보통은 잎사귀) 있는 한 어떤 종류의 나무든 만들 수 있다.

트리 에디터로 작업을 시작하기 전에 **Assets ➤ Import Package ➤ Environment**에서 환경 패키지를 임포트했는지 확인하자. 그중 일부 애셋이 필요하다. 첫 번째로 작업할 나무는 **GameObject ➤ 3D Object ➤ Tree** 중에서 생성하자.

나무를 선택한 다음에 인스펙터 창을 보면 나무 컴포넌트가 부착된 게임오브젝트가 보일 것이다. 여기에 나무 생성에 관련한 모든 툴이 있다.

나무 생성 기능은 꽤 복잡하고 수많은 슬라이더, 그래프, 매개변수가 있으므로 나무를 원하는 만큼 조정할 수 있다. 하지만 이 책에서는 이 기능 대부분을 생략하고, 유니티에서 직접 나무를 생성하는 방법을 배울 수 있는 최소한의 기능에 초점을 맞추겠다.

나무에는 세 개의 주요 컴포넌트인 밑둥(나무의 뿌리 노드root node라고도 한다.), 가지(나뭇가지 그룹branch group), 그리고 가지에 부착된 오브젝트(나뭇잎 그룹leaf group)가 있다. 구성법은 매우 직관적으로, 나무 뿌리 노드가 계층의 기본이 되고, 다른 모든 그룹은 여기에 자식 관계로 붙는다. 그다음, 나무 뿌리 노드나 다른 가지 그룹에 부모 관계로 나뭇가지 그룹을 넣어 실제 나무처럼 다양한 방향으로 뻗어 나가게 할 수 있다. 가지 그룹의 꼭대기에는 나뭇잎 그룹을 추가하고, 특정 그룹 영역이 나뭇가지로 뒤덮이도록 조정할 수 있다.

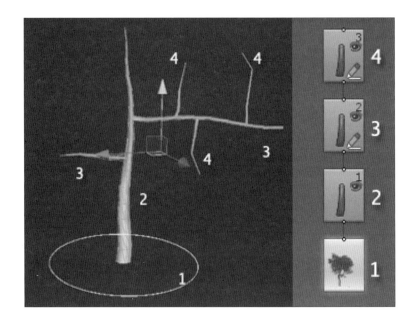

자, 이제 이론적으로 어떻게 적용되는지 살펴보자. 유니티에서는 새로운 나무 인스턴스를 생성할 때마다 디폴트 설정으로 나무의 뿌리 노드와 나뭇가지 그룹이 생긴다. 여기에서 나뭇가지 그룹은 밑둥 역할을 한다. 인스펙터 창에서 나뭇가지 그룹을 클릭하면 나무에 하이라이트가 생기고, 씬 뷰에서 밑둥이 여러 개의 노드로 나눠지는 것을 볼 수 있다. 이 노드들은 인스펙터 창에 있는 Move Branch와 Rotate Branch 툴을 이용해 조작할 수 있다. 또한 키보드에서 Delete 키를 선택하고 클릭하거나 Free Hand 툴을 이용해 생성할 수도 있다. Free Hand 툴을 이용하려면 노드를 선택한 후 화면에서 그리기 시작한다. 그러면 새로운 노드가 설정한 간격에 따라 생성된다.

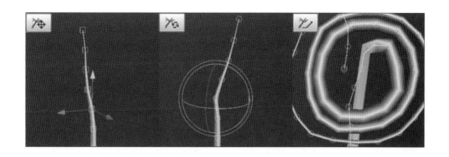

현재 그리고 있는 노드 상위에 있는 모든 노드는 자동으로 삭제되니 주의하자.

가지 그룹에서 반드시 염두에 둬야 하는 중요한 매개변수는 frequency다. 이 매개변수는 각 그룹에 생성할 나뭇가지의 수를 제어한다. 이 매개변수는 원하는 아무 숫자로나 설정한 다음, 새로 생성된 나뭇가지들을 원하는 개수만큼 조정하자. 수동으로 나뭇가지의 위치와 길이에 대한 조정을 시작하기 전에 이 매개변수를 조정해야 한다. 먼저 조정하지 않으면 사용할 수 없게 된다.

이전에 언급했듯, 복잡한 계층에서는 여러 가지 그룹이 생길 수 있다.

1. 인스펙터 창에 있는 나뭇가지 그룹을 하나 선택한다.
2. Add Branch Group 버튼을 클릭한다.

새로운 가지 그룹을 추가했으면 이제 빈도^{frequency}를 조정하고 필요 없는 나뭇가지들을 제거하기 시작해도 좋다. 이미 여러 개의 가지 그룹이 있고 계층을 변경하고 싶다면, 부모로 만들고 싶은 가지 그룹에 해당 가지 그룹을 끌어다 놓기만 하면 된다. 나뭇잎 그룹도 매우 비슷한 방식으로 작동한다.

나뭇잎 그룹을 추가하려면 가지 그룹을 선택한 후 Add Leaf Group을 클릭한다.

각 가지 그룹에 붙일 나뭇잎 개수를 제어하는 매개변수 역시 빈도다. 이후에 마우스로 나뭇잎들을 수동으로 배치할 수 있다. 나뭇잎을 생성한 나뭇가지에서는 나뭇잎을 떼어낼 수 없다는 점을 기억하자.

또 다른 흥미로운 옵션으로, 나뭇잎을 위한 Geometry 모드가 있다. 이 모드는 나무에 있는 나뭇잎 유닛 한 개의 표현을 다음 중 하나로 바꿀 수 있게 해준다.

- Plane: 디폴트 모드로, 나뭇잎이 평면single plane으로 표시된다.
- Cross: 이 옵션을 선택하면 두 개의 면이 교차되도록 변경된다.
- TriCross: 이 옵션은 세 개의 면이 생긴다.
- Billboard: 항상 카메라를 향하는 평면이다.
- Mesh: 나뭇잎을 3D 메시로 표현해준다.

마지막 단계는 나무에 매터리얼 적용하기다. 지금은 최소한의 헐벗은 상태로 있으므로, 나뭇가지용 하나와 나뭇잎용 하나, 총 두 개의 매터리얼이 필요하다. 나무에 매터리얼을 적용하려면 다음 단계를 따른다.

1. 트리 에디터의 각 나뭇가지 그룹으로 간 후 **Branch Material** 속성에 임포트된 파일 중에서 Tree_bark 매터리얼을 하나 배정한다(Geometry 설정 하위에 있다).
2. 나뭇잎 그룹에도 똑같이 한다. **Material** 속성에 Tree_Leaves 매터리얼을 배정한다(역시 Geometry 설정 하위에 있다).

나뭇잎 그룹에는 실제 나뭇잎만 넣어야 하는 것은 아니다. 열매나 다른 세부 묘사를 추가할 수도 있다.

나무의 매터리얼을 직접 생성할 때는 자연물^{Nature} 범주에 있는 것들만 나뭇가지나 나뭇잎에 적용할 수 있다는 점을 기억해두자.

유니티는 선택한 종류가 부적절할 때는 경고를 띄우며 해당 유형을 제안해 Apply 버튼을 눌러 변경하도록 유도한다. 메시지에서 언급되는 이름 붙이기 규칙은 프로그래밍에 연관된 것이며, 실제의 매터리얼 이름은 어떻게 붙이든 제한이 없다.

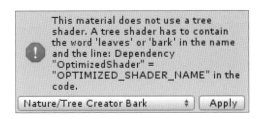

이제는 프리팹을 생성하고 커스텀 나무를 지형의 팔레트에 넣어 페인트할 수 있다.

Tree Creator에 대한 소개는 여기에서 마친다. 사용할 수 있는 옵션이 굉장히 많고, 나무를 컨트롤하며 커스터마이징할 수 있는 다른 방식도 많다. 프로젝트에 실제와 흡사한 나무가 필요하다면 이 툴을 좀 더 연구해보는 것이 좋다.

나무 생성에 최근 SpeedTree 지원이 추가됐으므로, SpeedTree 앱에서 생성한 식물들을 이제 유니티로 임포트할 수 있다. 이전에 이용한 Palm_Desktop 나무는 SpeedTree를 이용해 생성한 것이다.

페인트 세부 사항

이제 환경을 정말로 향상시킬 수 있는 툴을 소개한다.

무엇을 세부 묘사로 간주하는가

세부 묘사는 보통 바위, 풀, 꽃, 버섯 등 지형에 있는 시각적인/상호작용성이 없는 오브젝트를 일컫는다.

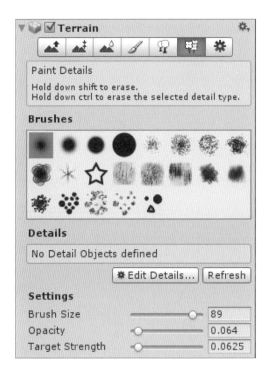

비상호작용성이란 말 그대로 상호작용할 방법이 전혀 없다는 뜻이다. 이런 오브젝트
는 그림자를 드리우지 않거나 충돌 감지가 되지 않는다.

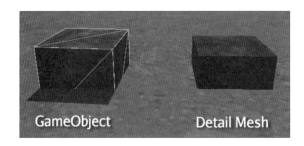

세부 묘사 설정법

유니티에 의하면 Grass와 Detail 이렇게 두 가지 종류의 세부 묘사가 있다. 이 둘은 근본적으로 텍스처와 메시 기반의 오브젝트다.

풀

텍스처 기반의 디테일을 이용해서 풀^{Grass} 유형을 먼저 생성해보자.

1. Edit Details… 버튼을 클릭한다.

2. Add Grass Texture를 선택한다.

이러면 Grass 세부 묘사를 위한 옵션이 열린다.

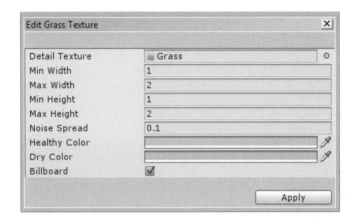

- 세부 묘사의 생성에는 Detail Texture가 사용된다. 이 예제에서는 3장 폴더에 있는 Grass1 텍스처를 사용할 것이다.
- Min/Max Width/Height는 세부 묘사 조각들을 다양하게 해준다.
- Noise Spread는 번갈아 넣는 조각들의 대략적인 크기를 제어한다. 매개변수 값이 높을수록 정해진 영역 내의 다양성이 증가한다.
- Healthy/Dry Color는 세부 묘사에 다양한 컬러 변화를 줄 수 있게 해준다.
- Billboard는 세부 묘사(평면 빌보드)가 늘 카메라를 향하게 해 밀도가 높아 보이는 착시를 일으키는 편리한 옵션이다.

커스텀 텍스처가 제대로 작용하려면 알파 채널이나 투명도로 텍스처를 생성해야만
한다. 그러면 제대로 렌더링된다.

디테일

디테일의 타입이나 메시 기반 디테일도 비슷한 방식으로 작동하지만 3D 메시를 이
용해 생성된다.

Detail	Bush	⊙
Noise Spread	0.1	
Min Width	0.28	
Max Width	1.19	
Min Height	0.2	
Max Height	1.2	
Healthy Color		🖉
Dry Color		🖉
Render Mode	Grass	⬍

여기에서 세팅은 Grass 디테일과 같은 방식으로 작용하는데, 마지막 매개변수만 다
르다.

Render Mode는 디테일 오브젝트에 이용되는 렌더링 기법이다. Grass와 VertexLit 둘
중 하나만 선택할 수 있다. 일반적인 규칙으로, 덤불이나 꽃처럼 알파 컷아웃alpha cutout
이 있는 텍스처 오브젝트 위의 Grass에 이용해야 한다.

반면 VertexLit은 돌, 뿌리 등 단단한 오브젝트에 잘 들어맞는다.

이 정도면 됐다. 디테일은 확실히 유용하며, 제대로 사용한다면 레벨을 훨씬 보기 좋게 만들어준다. Chapter 3 ➤ Details 폴더에 레벨 생성을 도와줄 더 많은 Detail 애셋들이 있다. 잘 사용해보자.

지형 설정 커스터마이징

Terrain Settings 탭에서는 다섯 종류의 옵션을 사용할 수 있다.

- 기본 지형Base terrain
- 나무와 디테일 오브젝트Tree and detail object
- 바람 설정Wind setting
- 해상도Resolution
- 하이트맵Heightmap

각각은 이전에 살펴본 툴을 조정한다.

Wind Setting과 Wind Zone은 유니티에서는 적용이 제한적이므로 다루지 않겠다. 하지만 다른 옵션은 살펴보는 것이 좋다.

기본 지형

짐작했겠지만, 이 옵션은 지형의 속성을 조정한다.

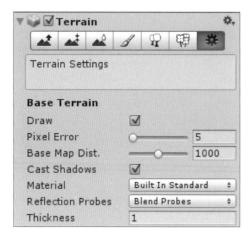

- Draw 체크박스는 지형 렌더링을 토글한다.
- Pixel Error는 지형이 맵핑을 얼마나 정확히 따라서 생성하는지를 제어한다. 이 매개변수는 근본적으로 지형의 모자이크 세공이라고 할 수 있다. 값이 높아질수록 지형이 맵핑에 (높이, 텍스처...) 적용해 표현하는 폴리곤 수가 많아지고, 카메라 거리에 따라 폴리카운트^{polycount}가 더 빠르게 낮아진다.

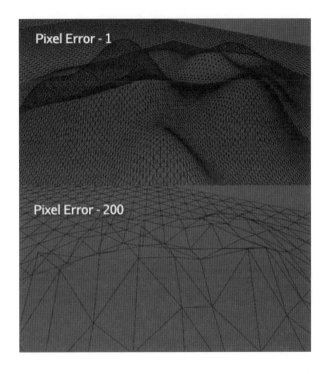

- Base Map Distance는 지형의 텍스처가 최대 해상도에서 더 낮은 해상도로 전환되는 한계치다.
- Cast Shadows는 지형에 의해 드리워지는 그림자를 활성화/비활성화한다.
- Material은 지형에서 이용하는 매터리얼을 선택한다.
- Reflection Probes는 지형이 반사 프로브에 어떤 영향을 받을지 선택한다(스탠다드 Standard나 반사 프로브를 지원하는 커스텀 매터리얼을 이용할 때만 작동한다).
- Thickness는 빠르게 움직이는 물리 오브젝트가 지형 충돌 볼륨을 넘어서서 지형을 관통하는 문제를 해결해준다.

나무와 디테일 오브젝트

나무와 디테일의 설정은 다음과 같다.

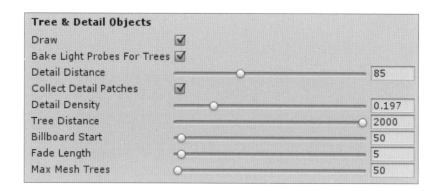

위 스크린샷의 설정을 하나씩 살펴보자.

- Draw: 나무, 풀, 디테일을 그릴 수 있게 해준다.
- Bake Light Probes For Trees: 기본 오브젝트의 메시 렌더러 컴포넌트에서 Use Light Probes를 체크했을 때만 각 트리의 베이스에 개별적 라이트 프로브를 생성할 수 있다. 나무들을 배치한 후 곧 주위에 원이 나타나면, 그 원이 바로 라이트 프로브다. 이 라이트 프로브는 게임 창에서는 사라지므로 걱정하지 않아도 된다.
- Detail Distance: 디테일에 대한 카메라 컬링 거리다.
- Collect Detail Patches: 모든 디테일 조각들을 메모리에 미리 로딩해 튀는 일을 줄여준다.
- Detail Density: 한 지역 유닛에 넣을 수 있는 디테일/풀의 개수를 늘려준다.
- Tree Distance: 나무에 대한 카메라 컬링 거리다.
- Billboard Start: 3D 나무가 2D 빌보드로 대체되기 시작하는 카메라 거리다.
- Fade Length: 3D 모델과 2D 빌보드 간의 변화 거리다(Billboard Start 거리보다 길며, 이 숫자만큼 거리가 멀어질 때 나무가 변화한다).
- Max Mesh Trees: 3D 오브젝트로 표현될 나무의 최대 개수다. 나머지는 빌보드로 대체된다.

해상도

해상도는 지형, 디테일, 하이트맵의 크기를 정의한다.

```
Resolution
Terrain Width              100
Terrain Length             100
Terrain Height             30
Heightmap Resolution       513
Detail Resolution          1024
Detail Resolution Per Patch 8
Control Texture Resolution 512
Base Texture Resolution    1024
* Please note that modifying the resolution will clear the heightmap,
detail map or splatmap.
```

위 스크린샷의 필드를 하나씩 살펴보자.

- **Terrain Width/Length**: (월드 유닛 내) 지형의 크기다.

- **Terrain Height**: 월드 유닛의 하이트맵에서 가능한 가장 낮은 값과 가장 높은 값 간의 높이 차이다.

- **Heightmap Resolution**: 지형 하이트맵의 해상도를 정의한다(하이트맵 해상도는 2의 제곱수 + 1, 디폴트로 512+1=513이다).

- **Detail Resolution**: 값이 늘어날수록 디테일과 풀의 조각들이 더 작고 세밀해진다.

- **Detailed Resolution Per Patch**: 한 번 그리기 명령으로 렌더링되는 사각형 조각의 길이/폭이다.

- **Control Texture Resolution**: 지형 텍스처 간의 블렌딩을 제어하는 스플랫맵^{splatmap}의 해상도다.

- **Base Texture Resolution**: Base Map Distance와 연결돼 Base Map Distance에 명시된 거리를 넘어갈 때 이용되는 텍스처 해상도를 명시한다.

스카이박스

스카이박스^{Skybox}는 우리의 레벨을 둘러싼 끝없는 허공을 덮은 예쁜 그림과 큰 차이가 없다. 스카이박스의 속성은 우리의 레벨에서 광원 처리가 어떻게 될지에 대해 큰 역할을 할 수 있다.

1. Window ➤ Lighting으로 간다.
2. Scene 탭에서 Environment Lightning 하위의 Skybox 매개변수를 찾는다.

Default-Skybox는 모든 유니티 프로젝트에 존재하는 특수한 매터리얼로, 디폴트 스카이박스로 배정된다. 이 매터리얼은 에디터 내 어디에서도 찾을 수 없으므로 편집하거나 삭제할 수 없다. 하지만 직접 만든 커스텀 스카이박스 매터리얼로 대체할 수는 있다.

커스텀 스카이박스를 추가하려는 경우 단지 매터리얼을 하나 생성해 그 셰이더 타입을 Skybox ➤ Procedural로 바꾸기만 하면 된다.

이제 새로운 커스텀 가능한 스카이박스를 수정하고 디폴트 스카이박스를 대체할 수 있다. 슬라이더들을 조작해 석양이나 밤 시간처럼 레벨을 원하는 분위기로 흥미롭게 설정해보자.

요약

이 장에서는 정말 많은 내용을 다뤘다! 이 모든 작업을 해냈다는 것은 이제 어떤 레벨이든 생성해볼 수 있도록 필수적인 툴과 상황에 따라 사용할 툴에 모두 적응했다는 것을 의미한다. 이 툴 각각에 대해, 특히 물, 바람 영역, 스카이박스, 나무 생성에 대해서는 알아볼 것이 많고, 이 장에서는 그 기본만 살짝 들여다본 것에 불과하다. 해결책을 찾아내지 못한 질문이나 문제가 있다면 커뮤니티 포럼을 방문하고, 엔진 내부적으로 어떤 일이 일어나는 것인지 심도 있게 알아보고 싶다면 공식 문서를 읽어보자.

안타깝게도 유니티는 레벨 생성과 관련해서 시장에 나와 있는 단연 최고의 툴이라고 말할 수는 없다. 하지만 사용자가 생성한 수많은 플러그인들과 풍성한 커스터마이제이션 옵션이 제공되므로, 유니티의 능력을 한껏 활용하고 팀이 원하는 툴들을 제공할 수 있을 것이다. SpeedTree 앱이 추가로 지원되고 하이트맵을 통해 커스텀 지형을 가져올 수 있게 됨으로써, 유니티는 이제 당신이 작업에 사용하고자 하는 툴을 허용하게 됐다.

그럼 다음 장에서는 애니메이션을 유니티에서 어떻게 처리하고 임포트하며 생성하는지 배워보자.

4 기본 애니메이션 처리

이 장에서는 애니메이션 에디터^{Animation editor}에서 기본 애니메이션을 어떻게 생성하는
지, 그리고 커스텀 애니메이션을 어떻게 임포트하고 어떻게 프롭에 생명을 불어넣는
지 설명한다.

이 장에서는 다음 주제를 다룬다.

* 유니티에서 커스텀 애니메이션 생성
* 애니메이션 환경 설정
* 이벤트 핸들러^{Event Handler}를 이용한 기능 트리거
* 유니티로 애니메이션 임포팅

이 장을 다 읽고 나면 유니티 레거시 애니메이션^{Legacy Animation} 시스템의 기초에 능숙
해질 것이다.

애니메이션의 기본

처음 등장 이후, 유니티에는 애니메이션을 처리하는 두 가지 기능이 생겨났다. 이 장
에서는 가장 오래되고 간단한 것을 다루겠다. 유니티의 레거시 애니메이션은 임포트
해온 애니메이션의 관리와 설정을 도와주는 강력한 기능이며, 커스텀 애니메이션을

생성할 수 있기에 프로토타이핑 단계에서 매우 유용하다. 옵션은 제한적이지만, 단순함과 속도로 개발자들을 유혹해 오래된 시스템이라는 비평에도 불구하고 많은 개발자가 이에 의존하게 만든다.

이 장에서 다루는 콘텐츠를 따라오려면 프로젝트 창에서 Chapter 4 폴더의 내용물을 이용하자. 해당 폴더에 이후 예제로 사용할 오브젝트들이 들어있다.

애니메이션 에디터 이용

유니티의 애니메이션 에디터는 상당히 단순하고 제한적이지만, 주목적은 더 복잡한 앱을 대체하는 것이 아니라 뭔가 단순한 것을 애니메이션해야 할 때 빠르고 쉬운 솔루션을 제공하는 것이다.

커스텀 애니메이션 생성

메시를 임포트하면, 임포트해야 하는 애니메이션이 있는지 명시해야 한다. 아래에서 사용할 Windmill.fbx의 경우에 그 답은 no가 된다. 대신 유니티의 네이티브 에디터를 이용해 직접 커스텀 애니메이션을 생성해본다.

애니메이션이 없거나 앞으로 넣을 예정이 없는 프롭이라면 Import Settings의 Rig 탭 하위에 있는 Animation Type 매개변수를 None으로 맞추는 습관을 들이는 것이 좋다.

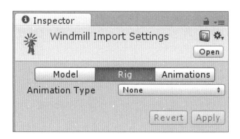

그다음 권장 사항은 해당 메시의 프리팹을 씬에 추가하기 전에 생성하라는 것이다.

이제 애니메이션을 넣을 게임오브젝트를 보자. 이 경우, Windmill 계층의 한참 아래에 있는 Blade 게임오브젝트다. 유니티에서 애니메이션은 애니메이션 클립 내에 저장되는데, 여기에 액세스해 재생하려면 게임오브젝트에 배정하고 저장해야 한다. 이런 클립들을 저장하려면 게임오브젝트는 **Add Component ➤ Miscellaneous ➤ Animation** 하위에 Animation 컴포넌트를 가져야 한다.

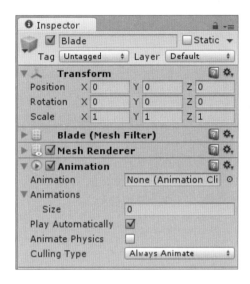

이 컴포넌트를 Blade 게임오브젝트에 추가하자. 이러면 애니메이션 클립들을 추가하고 저장할 수 있다.

- Animation: 명시되면 디폴트로 재생될 첫 번째 애니메이션 클립이다.
- Animations: 현재 게임오브젝트에 가능한 모든 애니메이션들이다.
- Play Automatically: 게임이 시작되면(혹은 오브젝트가 씬에 생성될 때마다) Animation 속성에서 명시된 애니메이션을 재생하는 플래그다.
- Animate Physics: 애니메이션이 물리 효과와 상호작용하는지 확인한다.
- Culling Type: 여기에는 Always Animate와 Based On Renderers라는 두 가지 옵션이 있다. 첫 번째는 항상 애니메이션하는 것이고, 두 번째는 오브젝트가 카메라에 의해 렌더링됐을 때만 애니메이션을 재생하는 것이다(추가적인 최적화를 원할 때 유용하다).

그럼 실제의 애니메이션은 어떻게 생성할까?

이를 확인하려면 메뉴 바의 **Window ➤ Animation**으로 간다. 이러면 애니메이션 에디터가 열린다.

에디터 컨트롤

보다시피 옵션이 많지 않으니, 진행하면서 하나씩 설명한다.

이 툴은 씬에 게임오브젝트가 있을 때만 이용할 수 있다. 그러므로 애니메이션을 넣으려면 새로 생성된 Windmill 오브젝트의 프리팹을 씬으로 끌어와야 한다.

오브젝트가 제자리에 놓이면 이제 Clip 드롭다운 메뉴를 클릭해 애니메이션을 만들수 있다. 디폴트로 비어있는 상태로 나타나며, Create New Clip 옵션을 선택하면 된다.

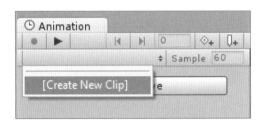

Chapter 4 폴더 안에 Animations라는 폴더를 만들고 이 클립에 Windmill_BladeSpin이라는 이름을 붙이자.

우리의 클립은 이제 Animation 드롭다운 메뉴 하위에 생겨서 편집할 수 있다.

애니메이션을 시작하려면 Animation 메뉴 밑에 있는 Add Curve 버튼을 누르고 애니메이션하고자 하는 컴포넌트와 속성을 선택한다. 이 경우에는 Transform ➤ Rotation으로 간다.

커브가 추가되면 도프 시트[Dope Sheet]에 키프레임들이 나타날 뿐만 아니라, 녹화 버튼이 빨간색으로 변하고(빨간색 점 표시) 인스펙터 창에서 Rotation 속성의 색깔이 바뀔것이다.

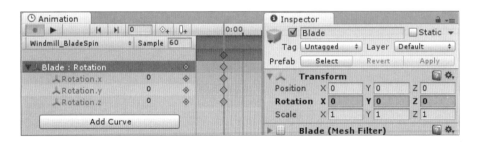

이제 오브젝트에 대한 어떤 변경이든 타임라인의 특정 지점에 녹화된다는 것을 뜻한다.

그러면 실제 애니메이션을 생성해보자.

1. 도프 시트에서 가장 마지막 키프레임을 선택한다(가장 위에 있는 것).

2. 씬 뷰에서 Blade 게임오브젝트를 시계 방향이나 반시계 방향으로 360도 완전히 회전시킨다.

3. 애니메이션 창의 재생 버튼을 클릭한다.

게임오브젝트는 이제 씬 창에서 애니메이션을 재생할 것이다. 애니메이션 창에 수동으로 값을 입력할 수도 있지만, 이런 값들은 디폴트 Centered Pivot이 아니라 오브젝트의 네이티브 Pivot을 사용하게 된다는 점을 명심하자.

더 진행하기 전에 몇 가지 언급할 내용들이 있다. 키프레임은 타임라인의 어떤 지점을 클릭하든 자동으로 생성되며, 오브젝트의 선택된 속성을 바꾼다. 아니면 Add Keyframe 버튼 ◇+을 이용해도 좋다. 키프레임들을 선택해 키보드의 Delete 키를 누르면 삭제할 수 있다.

키프레임은 타임라인을 따라서 드래그해 이동할 수 있다. 실제로 독립적인 다른 회전축을 움직일 수는 없으며, 회전의 전체 속성을 모두 움직여야 한다. 이런 변수들은 읽기 전용으로 설정돼 있으며, 회전 컴포넌트는 덮어 쓰기가 가능하기 때문이다.

Sample 속성은 초당 프레임 수를 명시하며, 빠른 애니메이션을 좀 더 세밀하게 제어해야 한다면 이를 변경하는 것도 유용하다. 이때 씬 창에서 애니메이션의 재생 속도가 바뀌지는 않는다는 데 유의하자. Animation 컴포넌트에서 가장 불편한 점은 배정된 애니메이션 클립이 Legacy로 마킹되지 않은 한 유니티 5에서 Play 모드로는 재생할 수 없다는 점이다. 이는 쉽게 수정할 수 있다.

1. 프로젝트 창에서 Windmill_BladeSpin 애니메이션 클립을 선택한다.

2. 상단 오른쪽 구석에 있는 인스펙터 창의 드롭다운 메뉴에서 Debug 옵션을 선택한다.

3. Legacy 박스를 체크한다.

이 절차를 마치고 나면 인스펙터 창으로 돌아가서 Normal 모드에서 Animation 컴포넌트의 Animation 매개변수에 Windmill_BladeSpin을 배정하고, Play 모드에서 재생되는지 살펴본다. Animation 컴포넌트를 배정한 모든 클립에서 동일하게 작동하는지 확인하자.

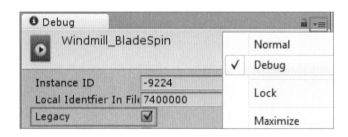

커브 에디터

애니메이션을 수정할 때 도프 시트만을 사용해야 하는 것은 아니다. 애니메이션 창 하단의 Curves라고 된 탭에서 커브 에디터Curve editor를 열 수 있다.

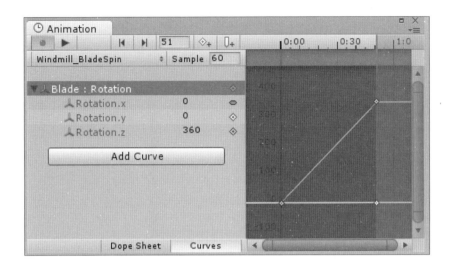

곡선을 화면에 맞추려면 Rotation 속성을 선택한 다음, 마우스 커서를 창의 오른쪽에 놓고서 키보드의 F 키를 누른다.

애니메이션을 해본 경험이 있다면 이 툴은 쉽게 사용할 수 있을 것이다.

키프레임은 Curves라고 돼 있는 타임라인의 매개변수에 보간interpolation으로 표시되는 라인들에 연결된다. 각 키프레임은 (가장 오른쪽과 왼쪽은 제외) 양쪽에서 곡선을 수정하도록 해주는 두 개의 탄젠트tangents를 가진다.

다음을 따라 해보면 쉽게 이해할 수 있다.

1. Rotation.z 곡선을 따라 우클릭하고 Add Key를 클릭해 새로운 키프레임을 생성하는 것으로 시작하자.

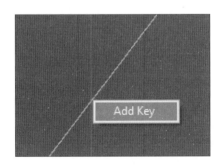

2. 이제 새로 생성된 키프레임을 우클릭한다.

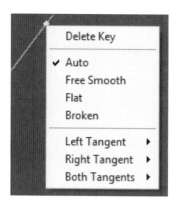

몇 가지 옵션이 뜨는 것을 볼 수 있다.

- Delete Key: 키프레임을 삭제한다.
- Auto: 양쪽에서 탄젠트를 부드럽게 다듬어 곡선이 매끄러워 보이게 해주는 모드다.
- Free Smooth: 탄젠트가 눈에 보이게 해서 수동으로 조정할 수 있도록 해준다.

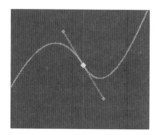

- Flat: 탄젠트를 수평 위치로 이동시킨다.

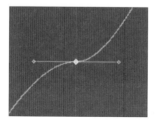

- Broken: 탄젠트들을 독립적으로 조정해 더 많이 제어할 수 있게 해주지만, 대신 부드러운 느낌은 사라진다.

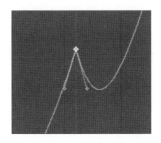

- Left Tangent, Right Tangent, Both Tangents: 이 키프레임의 탄젠트에 대한 세 가지 모드 중 하나를 선택할 수 있다.
- Free: 현재의 디폴트 모드다.
- Linear: 키프레임 사이의 선형 보간을 강제한다.
- Constant: 보간을 완전히 제거한다.

에디터에 대한 설명은 여기까지다. 애니메이션 에디터는 주로 프로토타이핑을 위한 대략적인 애니메이션을 다루는 데 쓰이므로, 도프 시트를 사용해 키프레임을 만들거나 이상한 애니메이션을 약간 조정 또는 수정하기 위해 커브 에디터를 쓰게 될 것이다.

연습

새로운 키프레임들을 만들고 곡선을 조정해 날개의 회전 속도를 변경하면서 곡선 툴을 연습해보자. 날개가 강한 힘을 받아 빠르게 최대 회전 속도에 도달하는 것처럼 보이게 해보자. 그런 다음, 완전히 멈추기 직전까지 속도를 늦춰보자. 다음과 같이 하면 된다.

1. 완전히 정지한 상태로 시작한다.
2. 빠르게 회전 속도를 올리면서 애니메이션 분량의 1/3 지점에 닿기 전까지 가속도를 낮춘다.
3. 점점 회전 속도가 느려져서 완전히 멈추기 직전이 된다.

4. 애니메이션이 반복될 때 튀는 부분이 없도록 확인하자(마지막과 처음 프레임의 날개 위치가 비슷하기만 하면 되며, 회전이 똑같아야 하는 것은 아니다).

잘되는가? 마지막 프레임을 첫 번째와 똑같게 맞추기는 어려웠을 텐데, 애니메이션이 끝날 때 회전을 멈추지 않기 때문이다.

커스텀 애니메이션과 월드 공간

풍차 게임오브젝트의 하단이 오른쪽과 왼쪽으로 조금씩 움직이도록 애니메이션해보자. 단순한 움직임을 넣어 애니메이션 컴포넌트를 추가하고 Debug 모드에서 클립을 Legacy로 마킹하기만 하면 된다. 다 됐다면 오브젝트의 원래 위치를 이동해 씬 뷰에서 애니메이션이 어떻게 반응하는지 확인해보자. 애니메이션이 처음 오브젝트가 서 있던 위치에 관계없이 계속된다면, 월드 공간에 연관된 특정 값을 이용해 애니메이션을 넣는 것이다.

하지만 이전에 애니메이션했던 날개들은 어떤가? 풍차가 이동하는 애니메이션을 제거하고 풍차를 이리저리 움직여보면, 날개가 항상 정해진 위치에서 늘 적절하게 회전하는 것을 볼 수 있다. 이는 날개들이 부모 오브젝트의 로컬 공간에서 애니메이션되기 때문이며, 따라서 부모 오브젝트에 따라 이동한 것이다. 풍차가 위치를 이동하는 애니메이션은 텅빈 게임오브젝트에(GameObject > Empty GameObject) 부모 관계를 넣어 애니메이션시키면 쉽게 고칠 수 있다. 항상 무언가에 연결이 이뤄지므로 어떤 애니메이션에든 이용할 수 있는 흔한 트릭이다.

애니메이션으로 이벤트 핸들러 트리거

이벤트 핸들러는 애니메이션되는 게임오브젝트에 부착되는 스크립트로부터 발생하는 이벤트 기능을 호출할 수 있게 해주는 근사한 기능이다. 매우 유용한 기능이며 애니메이션의 특정 지점에서 무슨 일이 일어나야 할 때 많은 시간을 절약해주기도 한다.

이 기능을 보여주려면 Windmill 게임오브젝트를 이용해 다음 단계를 수행해야 한다.

1. 이전에 애니메이션했던 Windmill의 Blade 게임오브젝트를 선택한다.

2. 여기에 **Box Collider** 컴포넌트를 부착한다(Physics > Box Collider).

3. Chapter 4 폴더의 WindmillMessage.cs 스크립트 파일을 Blade 게임오브젝트에 부착한다.

4. **Animation** 컴포넌트에서 **Play Automatically** 매개변수 체크를 해제한다.

5. 씬 뷰에서 MainCamera가 정면으로 Windmill을 향하도록 위치를 잡는다(게임 창에서 Windmill을 봐야 한다).

Box Collider를 부착한다고 해서 애니메이션이라고 부르는 이벤트가 꼭 발생하는 것은 아니다. 스크립트는 Blade를 클릭하면 전에 생성한 Windmill_BladeSpin 애니메이션을 시작하도록 코딩돼 있다(실제의 클릭은 콜라이더 없이는 등록할 수 없다).

이제 애니메이션 에디터로 가서 다음과 같이 이벤트 호출을 설정하자.

1. 마지막 키프레임을 선택하고 **Add Event** 버튼을 클릭한다.

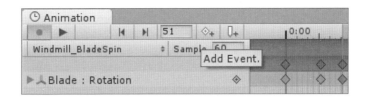

2. 새로운 창에서 EventFunction()을 선택한다(스크립트 내에 있는 기능의 이름이다).

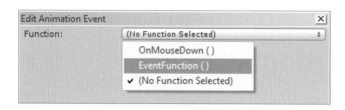

3. 끝났다. 마지막 프레임에 이벤트 기호가 나타나는 것을 볼 수 있다.

이제, 게임을 시작하고 마우스 왼쪽 버튼으로 Windmill을 클릭할 때마다 풍차가 애니메이션이 끝날 때 흰색으로 변할 것이다.

스크립트는 다른 컴포넌트와 마찬가지로 애니메이션 에디터에서 수정할 수 있다. 예를 들어, Windmill_BladeSpin 애니메이션을 만들기 위해 회전^{rotation}에 적용했던 것처럼 변수 값을 변경할 수 있다.

유니티로 프롭 애니메이션 임포팅

이제 커스텀 애니메이션을 다뤘으니, 실제로 다른 앱에서 생성한 애니메이션을 메시와 함께 임포트하는 방법을 알아보자.

Chapter 4 폴더 안에 두 개의 모델이 있다. 다른 모델 Chest.fbx를 살펴보자.

이 메시는 내재적으로 애니메이션이 부착돼 있으므로, 임포트 설정에서 **Rig** 탭 하위의 **Animation Type** 매개변수를 **Legacy**로 선택해야만 한다. 이렇게 하면 이 모델의 모든 애니메이션 클립이 Legacy로 마킹된다.

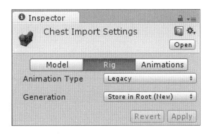

다른 애니메이션 종류에 대해서는 이후 장에서 다루겠다. 유니티에서는 다른 애니메이션 시스템도 제공된다.

그럼 이제 다음 탭인 **Animations**로 가보자. 이 탭은 일반 세팅, 클립 세팅, 클립 프리뷰 세 부분으로 나뉘어 있다.

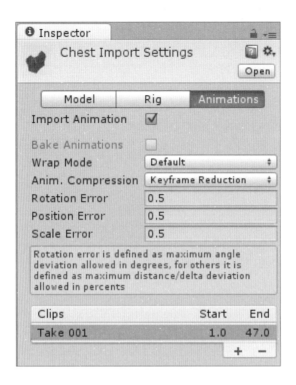

General Settings는 제일 상단에 있는데, 이 메시에 대한 일부 기본 애니메이션 설정을 제공하며 애니메이션 타임라인에 그려지는 클립의 목록을 담고 있다. 위 스크린샷의 설정을 하나씩 살펴보자.

- Import Animation: 오브젝트의 애니메이션을 사용하려 한다면 항상 체크해둬야 하는 체크박스다.

- Bake Animations: 이제 다소 까다로운 부분이다. 이 설정은 마야, 3Ds 맥스, 시네마4D 파일에만 사용할 수 있으며, 애니메이션 패키지에서 IK 핸들이나 시뮬레이션을 사용할 수 있게 해준다. 이 FBX 오브젝트는 앞서 언급한 앱 어디에도 소속되지 않으며, IK 핸들이나 시뮬레이션을 담고 있지 않기 때문에 이 옵션을 사용할 수 없다고만 알면 된다.

- Wrap Mode: 애니메이션을 임포트할 때 디폴트 랩 모드^{wrap mode}를 명시하며, 나중에 런타임에서 스크립트로 변경하거나 각 애니메이션 클립마다 수동으로 변경할 수 있다.

유니티에서 사용할 수 있는 애니메이션 랩 모드는 다음과 같다.

- Default: 어떤 개별 클립이든 명시된 옵션을 이용한다.
- Once: 애니메이션을 한 번 재생한 다음 멈춘다.
- Loop: 애니메이션이 끝에 도달하면 리셋돼 반복해서 계속 재생된다.
- Ping Pong: 애니메이션이 끝에 도달할 때마다 앞뒤로 바뀌며 재생된다.
- Clamp Forever: 애니메이션이 끝까지 재생되면 무한정 마지막 프레임을 반복한다(Once 모드와는 달리, 애니메이션이 정지하는 것은 아니다).

- Anim. Compression은 애니메이션을 임포트할 때 키프레임의 수를 줄여서 성능을 향상시키고 애니메이션의 크기를 줄여준다.
  - 애니메이션이 100퍼센트 정확하게 재생되길 원하면 이 옵션을 Off로 맞추자.
  - 더 최적화하길 원할 때는 조작보다 최적화를 추가로 더해주는 옵션이 있다. Keyframe Reduction 모드를 선택하자.
  - 프로젝트의 사이즈가 염려되는 경우(모바일 기기용이라면 흔히 일어나는 일이다.) 마지막 Keyframe Reduction and Compression 모드를 선택하면 이전 모드의 혜택을 역시 누릴 수 있다.

마지막 두 옵션 중 하나를 선택하면 회전, 위치, 스케일 면에서 키프레임 감소를 제어하는 세 가지 매개변수를 사용할 수 있게 된다. 숫자 자체는 애니메이션이 어떻게 변화하는지에 영향을 주지 않는다. 하지만 키프레임 감소를 어느 정도까지 할 수 있는지 확인하려 하거나 문제가 발생할 때 이를 이해하기 위해서는 역시 이해해둘 필요가 있다.

- Rotation error: 회전 값(각도)의 최소 차이가 낮을 때로, 2 키프레임 차이는 똑같은 것으로 계산된다.
- Position error: 위치(좌표 퍼센티지 값)의 최소 차이가 낮을 때로, 2 키프레임 차이는 똑같은 것으로 계산된다.
- Scale error: 스케일(좌표 퍼센티지 값)의 최소 차이가 낮을 때로, 2 키프레임 차이는 똑같은 것으로 계산된다.

이 설명을 기초로 해서, 이보다 높은 값을 설정하면 더 높은 키프레임 감소가 일어난다는 것을 짐작할 수 있다.

애니메이션에 따라 모두 다르기 때문에 어떤 값을 설정하는 것이 가장 좋은지는 얘기할 필요가 없지만, 먼저 키프레임 감소 없이 애니메이션을 테스트한 다음 모두 잘 작동하는 것을 확인하고 나서 원하는 바에 맞도록 조정하는 것이 좋다. 이러면 뭔가 잘못돼서 곤란해지는 일이 줄어들 것이다.

Clips는 애니메이션 타임라인에 있는 애니메이션 조각들의 목록이다. 모든 애니메이션이 하나의 타임라인으로 들어있다면 수동으로 여러 클립으로 나눌 수 있게 해준다.

현재 오브젝트에는 플레이어가 열쇠 없이 궤짝을 열려고 할 때의 잠긴 상태 하나와 플레이어가 열쇠로 궤짝을 열 때의 하나, 총 두 개의 애니메이션이 있다. 새로운 클립을 추가하려면 플러스 기호를 클릭하자.

다음 애니메이션 설정은 각각의 이전 클립 목록에서 개별적 클립을 선택해 수정하게 해주는 클립 설정이다.

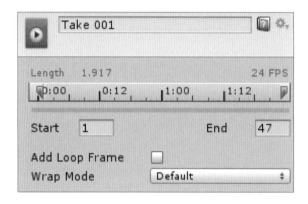

첫 번째 클립은 Take 001로, 첫 번째 이름 없는 클립에 기본으로 주어지는 이름이다.

 이상하지만, 두 번째 클립은 Take 0010이란 이름이 붙는다. 하지만 이후의 클립들은 9가 아니라 1씩 숫자가 올라간다(Take 0011, Take 0012…).

이름 필드 아래에는 클립 조각의 길이, 녹화된 프레임 레이트, 수동으로 클립 조각의 위치를 타임라인에서 조정할 수 있는 한계, 그리고 길이를 나타내는 타임라인이 있다. Start와 End 필드에서는 경계선을 명시할 수도 있다. 앞 스크린샷의 설정을 하나씩 살펴보자.

- **Add Loop Frame**: 첫 번째 프레임과 동일한 프레임을 마지막에 추가 프레임으로 추가해 애니메이션을 약간 더 부드럽게 해준다. 하지만 어떤 애니메이션은 이상해 보이는 결과를 낳을 수도 있다.
- **Wrap Mode**: 특정 클립의 랩 모드를 명시할 수 있게 해준다.

이 옵션을 우리의 두 개 애니메이션 모두에 설정하자. 첫 번째 클립은 다음과 같이 한다.

1. 클립 목록에서 Take 001을 선택해서 Locked라고 이름 붙인다.

2. **Start** 프레임을 1로, **End**는 24로 설정한다.

3. **Wrap Mode**를 Once로 변경한다.

두 번째 클립은 다음 매개변수로 설정한다.

1. 이전에 해두지 않았다면 **Clips** 목록의 아래에 있는 플러스 기호를 클릭하고, **Clips** 목록에서 새로 생성된 클립을 선택한다.

2. Opening이라고 이름 붙인다.

3. **Start**는 24, **End**는 40으로 설정한다.

4. **Wrap Mode**를 Clamp Forever로 변경한다.

5. **Apply** 버튼을 클릭한다.

이제 임포트 설정 하단에 있는 클립 프리뷰 창에서 이 애니메이션들을 재생할 수 있다. 원하는 클립을 선택해 재생 버튼을 누르면 된다.

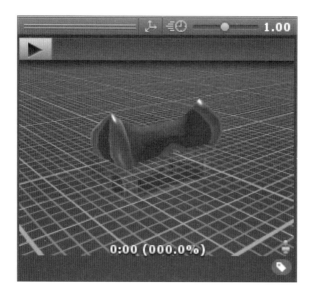

프리뷰 창에 오브젝트가 보이지 않거나 디스플레이된 오브젝트가 궤짝이 아닐 때는 다음과 같이 한다.

1. 하단 왼쪽 모서리에 있는 아이콘을 클릭한다.

2. Other...를 선택한다.

3. 오브젝트 피커 창에서 Chest 메시를 찾아서 선택한다.

됐다! 이제 모델의 프리팹을 생성하고 Chest를 씬에 끌어올 수 있다. 또한 Inspector 뷰에서 해당 애니메이션이 이미 Animation 컴포넌트로 추가된 것을 볼 수 있다.

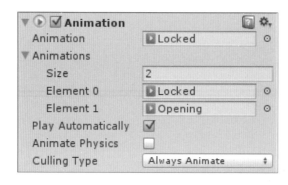

커스텀 애니메이션을 추가하고 싶겠지만, 이는 불가능하다. 그러려면 Animations 어레이의 Size 매개변수를 늘리고 비워둬야 한다. 이렇게 하면 애니메이션 창에서 새로운 애니메이션 클립을 생성하는 옵션을 사용할 수 있게 된다.

하지만 임포트한 애니메이션은 이 에디터를 통해 수정할 수 없고, 읽기 전용으로만 사용할 수 있다.

궤짝은 IK 핸들러나 본^{bone}으로 애니메이션한 것이 아니라 3D 앱의 타임라인을 따라 키프레임을 설정한 것뿐이다. 프롭 애니메이션을 유니티로 임포트할 때는 별다른 문제가 없다. 그냥 다음 과정을 따르기만 하면 된다.

1. 키프레임으로 프롭을 애니메이션한다.

2. 애니메이션과 메시를 .fbx로 익스포트한다(선호하는 다른 포맷을 사용해도 된다).

3. 유니티 안에서 클립으로 애니메이션을 나눈다.

본과 IK 핸들러는 캐릭터 애니메이션에 대해 다룰 때 설명한다.

요약

이 장에서 살펴본 애니메이션 타입은 레거시 애니메이션이라고 부른다. 유니티 4 출시 전에는 이 방식만이 유니티에서 다루는 유일한 애니메이션이었다. 하지만 이제는 더 발달하고 유연한 메카님^{Mecanim} 시스템이 있음에도 불구하고, 많은 사람들은 아직도 유니티로 간단하게 커스텀 애니메이션을 만들 수 있기에 구 버전을 이용하고 있다. 유니티 개발자들에게는 슬픈 소식이지만, 시간이 더 지나면 레거시 애니메이션을 완전히 없애고 하위 호환성을 위해서만 남긴다고 한다. 하지만 이렇게 되기까지는 레거시 애니메이션이 유니티에서 애니메이션을 생성하게 해주는 유일한 툴이다.

다음 장에서는 유니티의 캐릭터 임포트 파이프라인을 살펴보고, 메카님을 사용해 애니메이션을 설정하는 법을 배워보자

5
유니티로 캐릭터 가져오기

이 장에서는 3D 모델링 소프트웨어에서 모델링, 리깅^{rigging}, 애니메이션을 마친 캐릭터들을 유니티로 임포트하는 것을 논의한다.

이 장에서는 다음 주제를 다룬다.

- 3D 소프트웨어 패키지로부터 캐릭터 모델 익스포팅
- 일반형과 인간형 애니메이션 타입 설정
- 캐릭터 아바타 생성
- 캐릭터를 메카님에 준비시키기

이 장을 다 읽고 나면 캐릭터 임포트 프로세스, 그 장점, 문제 해결 방법을 배울 수 있다. 이 책에서 다루는 예제는 특정 3D 모델링 소프트웨어 패키지를 이용한 것이지만, 어떤 소프트웨어를 이용하든 사소한 차이가 있을지라도 전반적인 프로세스는 동일하다.

캐릭터 준비

캐릭터의 리깅과 애니메이션 방식은 여기에서 보여주는 예제와 다를 것이라는 점을 미리 말해두자. 이는 당신이 사용하는 소프트웨어, 필요 사항, 특정 표준에 대해 얼마나 충실한가에 따라 조금씩 다르다. 그렇긴 하지만, 대부분은 애니메이션을 .fbx 포맷으로 베이크해 익스포트할 수 있을 것이다. 그렇다고 직접 해야 하는 것은 아니다! 유니티가 당신이 사용하는 소프트웨어의 네이티브 파일 확장자를 지원한다면(현재 유니티는 3Ds 맥스, 마야, 블렌더 파일 포맷을 인식한다.) 그대로 임포트해 유니티에서 사용할 수 있다(나는 개인적으로 모든 애니메이션 소프트웨어 프로그램에 친숙하지 않으므로 이 과정에서 아무런 문제도 발생하지 않는다고 확언할 수는 없다). 하지만 애니메이션 베이킹과 익스포팅을 통해 거의 일반적인 포맷이 되므로, 어떤 소프트웨어에서 시작하더라도 거의 같은 결과를 얻게 될 것이다.

블렌더에서 익스포팅

우리의 캐릭터는 블렌더에서 모델링, 리깅, 애니메이션이 완성됐다.

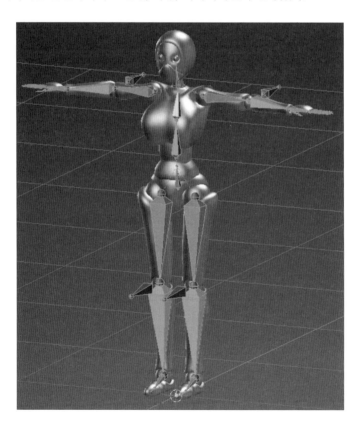

모델 개요

이 파일에는 우리의 캐릭터에 대한 모든 정보가 담겨 있고, 레퍼런스는 전혀 없으며, 애니메이션은 단일 타임라인에서 완성됐다.

파일 이름은 Robot.fbx며, 부록 파일의 Chapter 5 폴더에서 찾을 수 있다.

지오메트리geometry와 스켈레톤skeleton 외에도, 이 모델에는 다리와 팔의 IK 핸들 쌍이 들어있다. 결국 비디오 게임에 이용할 준비가 끝난 아주 기본적인 캐릭터가 있는 것이다. 근사한 리그와 복잡한 애니메이션이 있는 하이 폴리 모델을 직접 만들어 임포트해도 되지만, 그러면 나중에 유니티에서 추가로 조정해야 하며 유니티에는 한계가 있기 때문에 가능한 한 최적화된 상태로 유지하길 권한다.

그럼 스켈레톤에 대해 알아보자. 유니티에서 캐릭터가 작동하게 하기 위해 꼭 특정 본 토폴로지를 쓸 필요는 없다. 하지만 인간형을 구성한다면 인간과 비슷한 본 토폴로지가 있어야 하며, 다리가 세 개고 팔이 네 개인 생물은 유니티의 표준으로는 실제 인간형으로 간주되지 않지만 그래도 임포트해서 사용할 수 있다.

우리 캐릭터의 스켈레톤 구조는 템플릿이 아니며 이를 따를 필요도 없다. 편안한 구조로 작업하면 되며, 유니티에서 어떻게 원하는 대로 작업할 수 있을지는 이 장의 후반에서 설명한다.

FBX로 익스포팅

이 절에서는 블렌더를 이용해 캐릭터를 어떻게 FBX로 익스포트하는지 알아보자.

Robot.fbx와 같은 폴더에서 .blend를 찾을 수 있다. 이 캐릭터는 익스포트 준비를 마친 상태다. 유니티로 가져오기 전에 몇 가지 고려해야 할 일반적인 사항이 있다.

- 캐릭터는 좌표 0, 0, 0의 지연에 정확히 서 있다.
- 캐릭터의 스케일이 정확하다.
- T 포즈를 확인해 손바닥이 바닥을 향하고 있도록 한다.
- 노멀normal을 확인해 올바른 방향을 향하고 있도록 한다.

 1 유니티 유닛은 1미터에 해당한다. 더 나은 최적화와 더 부드러운 임포트를 위해서는
캐릭터 스케일을 3D 앱에서 이에 맞추자.

유니티는 .blend 파일 확장자를 지원하므로, 그냥 직접 임포트하거나 다음과 같이 .fbx 파일 포맷으로 익스포트할 수 있다.

1. 블렌더에서 File ➤ Export ➤ FBX(Import-Export:FBX 포맷 애드온이 활성화돼야 한다.)로 간다.

2. 옵션에서 Baked Animation 박스를 체크한다.

3. Export를 누른다.

이제 파일을 안전하게 유니티로 임포트할 수 있다.

익스포팅을 위해 애니메이션을 베이킹한 이후에는 곡선 컨트롤을 제거할 필요가 없다. 곡선 컨트롤은 문제를 일으키지도 않고 게임에서 눈에 보이지도 않는다.

레퍼런스 애니메이션 임포팅

레퍼런스 애니메이션을 이용한다면, 유니티에서 이 역시 처리할 수 있다.

지오메트리와 리그를 담고 있지만 애니메이션은 없는 다른 파일을 참조하는 예제 파일이 있다. 레퍼런스 파일에는 팔 애니메이션과 레퍼런스만 담겨 있다. 이 다른 캐릭터는 마야를 활용한 것이다.

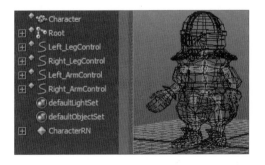

이미 참고된 모델을 .fbx 포맷으로 임포트했다고 간주하고, 유니티에서는 이 애니메이션을 다음과 같이 처리한다.

1. Edit ➤ Keys ➤ Bake simulation으로 가서 애니메이션을 베이크한다.

2. 캐릭터의 전체 스켈레톤을(모든 노드를) 선택한다.

3. File ➤ Export Selected로 가서 .fbx 포맷으로 익스포트한다(스켈레톤 외에 나머지는 필요 없다).

4. 파일 이름을 Character_animationPass@ArmAnim.fbx라고 붙인다.

5. 유니티의 참고 모델과 같은 폴더로 임포트한다.

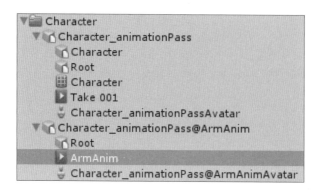

유니티는 자동으로 참고한 모델을 애니메이션으로 배정하고 우리 캐릭터에 사용할
수 있도록 해준다.

여기에서 핵심은 모델을 참조하는 파일과 애니메이션 파일을 위한 정확한 이름 변환
인데, 이름을 referencename@animationname.fbx와 같이 붙여야 한다. 이 경우에는
원본 파일의 이름이 Character_animationPass였고 애니메이션은 ArmAnim이므로,
유니티의 계층 창에서 이렇게 보일 것이다.

일반적으로 작업 파이프라인에서 처리하는 대로 다른 애니메이션도 똑같이 반복 적
용한다. 이런 접근법의 장점은 모델을 유니티로 임포트한 후 원하는 만큼 몇 개든 애
니메이션을 추가할 수 있다는 점이다.

3D 애플리케이션에서 캐릭터를 익스포트하는 기본 사항은 이미 다뤘지만, 독특한
차이가 조금씩 있다. 특정 3D 앱에서 익스포트하는 법을 알아보려면, 유니티의 공식
문서집에서 제시하는 특정 앱에서의 오브젝트 임포트 방법을 읽어본다(http://docs.
unity3d.com/Manual/HOWTO-importObject.html).

캐릭터 리깅에 블렌더와 리기파이^{Rigify}를 이용한다면, 리기파이 리그를 유니티로 임포
트하는 방법을 다룬 글(http://docs.unity3d.com/Manual/BlenderAndRigify.html)도 읽어
볼 만하다.

유니티에서 캐릭터 설정

애니메이션이 임베드된 채 임포트된 캐릭터로 계속 작업해보자.

캐릭터를 임포트했으면 Import Settings의 Rig 탭으로 가서 나머지 두 애니메이션 타입 Generic과 Humanoid를 살펴보자. 이전 장에서 언급했듯, 유니티의 네 번째 버전부터 도입된 강력한 애니메이션 제어 툴 메카님을 이용하려면 두 가지 애니메이션 타입이 필요하다. 메카님이 얼마나 근사한지는 아무리 강조해도 부족하다. 이 시스템은 개발 파이프라인을 대폭 개선할 수 있게 해주며 애니메이션을 제어할 코드의 양을 줄여주지만, 이에 대해서는 다음 장에서 더 다루겠다. 지금은 이 시스템에서 사용될 모델을 어떻게 설정하는지 알기만 하면 된다.

일반형과 인간형, 무엇이 다른가

말 그대로, 일반형Generic은 용에서부터 토스터까지 모든 것에 이용하지만, 인간형 Humanoid은 인간형 본 토폴로지가 있는 경우에만 사용된다.

일반형 애니메이션 타입

일반형은 가장 쉬운 타입이며, 특히 인간형이 잘 안 맞는다면 대부분 이 타입만 이용하게 될 수도 있다. 그러므로 가장 쉬운 부분부터 알아보자. 다음 스크린샷을 보며 설명한다.

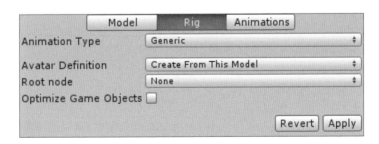

- Avatar Definition: 일반형 애니메이션 타입은 캐릭터 아바타를 완전히 사용할 수 없으므로 디폴트인 Create From This Model로 두자.
- Root node: 애니메이션의 해석을 담고 있는 노드다. 드롭다운 메뉴에서 노드를 선택하면 Animation 탭에서 Root Motion 매개변수를 사용할 수 있다. 지금은 드롭다운 메뉴에서 Root node를 Robot으로 설정하자.
- Optimize Game Objects: 유니티는 디폴트로 캐릭터의 모든 변형을 위해 비어있는 게임오브젝트를 생성하는데, 이 박스를 체크하면 이런 일이 방지돼 유니티가 모든 추가 변형을 처리할 필요가 없어지므로 전반적인 성능이 향상된다.

고맙게도, 코드에서 참조할 필요가 있을 때는 이런 변형을 조금 생성할 수 있다. Optimize Game Objects 옵션을 선택하면 나타나는 Extra Transforms to Expose 목록에서 + 기호를 클릭해 계층에서 변형을 선택한다.

이제 Animation 탭으로 가서 마지막으로 레거시 애니메이션을 사용한 다음 클립 옵션이 어떻게 변했는지 보자.

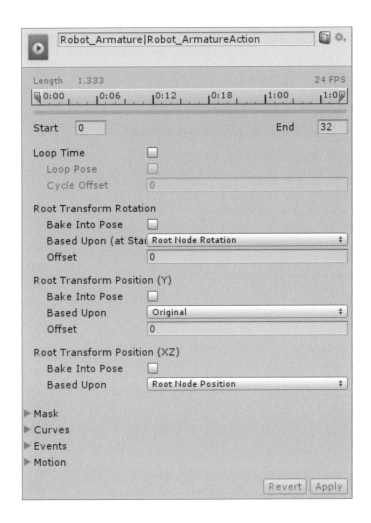

다음과 같은 옵션이 대폭 생겨난 것을 볼 수 있다.

- Loop Time: 이 옵션을 체크하면 클립이 끝까지 재생된 다음 처음부터 다시 시작된
  다. 다음 옵션도 가능하다.
  - Loop Pose: 애니메이션이 매끄럽게 반복된다. 하지만 시작 포즈와 끝 포즈가
    매치될 때만 잘 작동할 수 있다. 클립 분량 내내 차이를 감지해 두 포즈를 매치
    시키는 것이다.
  - Cycle Offset: 반복되는 애니메이션의 사이클에 대한 오프셋이다.

- Root Transform Rotation, Root Transform Position (Y), Root Transform Position (XZ): 모두 유사한 기능을 하는데, 게임오브젝트가 애니메이션 클립에 의해 해당 축을 따라 회전하거나 해석되는 것을 막아준다. 다시 말해, 게임오브젝트가 애니메이션에 의해 이동되는 것을 원치 않으면 해당 범주에서 Bake Into Pose를 체크해 그것을 막는다. Rig 탭에서 Root Node를 명시했을 때만 나타난다.

- Based Upon: Rig 탭에서 명시한 Root Node를 기준으로 게임오브젝트가 회전하거나 위치를 잡도록 선택하고, 또는 Original을 선택해 익스포트 시 설정한 방식으로 정할 수 있다.

- Offset: Root Transform Rotation 혹은 Root Transform Position (Y)를 Root Node를 기준으로 삼도록 선택하면 게임오브젝트의 회전이나 해석에 오프셋을 추가할 수 있도록 해준다(Original 값은 모델에서 가져온다).

- Mask: 이해하고 사용하기 쉬운 옵션이다. 애니메이션 중 하나의 Neck 변형과 그 자식에서 모션 하나를 빼야 한다고 가정하자. 그렇게 하려면 transform(변형) 메뉴 하위에 있는 Neck 변형을 체크 해제해야 한다. 애니메이션을 구동하는 중이라면 Neck 변형과 그 자식은 움직이지 않는 것을 알 수 있다. 마스크의 적용에 대해서는 다음 장에서 자세히 다루겠다.

- Definition: 특정 모델에서 마스크를 생성하거나 다른 마스크에서 복사하도록 선택할 수 있게 해준다.

우리의 캐릭터를 위한 커스텀 아바타를 만들려면 다음과 같이 한다.

1. 드롭다운 메뉴에서 Create를 클릭하고 Avatar Mask를 선택한다.

2. Avatar Mask의 Transform 드롭다운 메뉴로 간다.

3. 우리 캐릭터 모델에 의해 생성된 RobotAvatar를 드래그한다(임포트한 Robot 모델에서 찾을 수 있다).

4. Import skeleton 버튼을 클릭한다.

이렇게 하면 우리 캐릭터의 모든 변형이 마스크에 로드되고, 여기서 설정해 동일한 본 구조에 여러 오브젝트를 배정할 수 있게 된다.

이벤트^{Events}는 레거시 애니메이션이 더 향상되고 확장된 것으로, 이제 빈 공간을 채우고 타임라인에 프레임을 명시하는 것만으로 어떤 게임오브젝트에든 어떤 기능이라도 트리거할 수 있다.

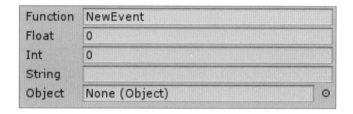

일반형 애니메이션 타입의 Animation 탭에 대한 설명은 여기까지다. 이 예에서는 필요하지 않으므로 Curves와 Motion 매개변수에 대한 설명은 생략한다.

인간형 애니메이션 타입

여러 인간형 애니메이션이 앉고 걷고 달리는 등의 동일한 애니메이션이 필요한 상황에 있다고, 혹은 여러 인간형 캐릭터에 재사용하고 싶은 특정 애니메이션이 있다고 상상해보자. 보통은 각 캐릭터마다 몸 비례를 고려해 애니메이션을 생성해야 할 것이다. 하지만 인간형 애니메이션 타입에서는 그렇지 않다. 애니메이션에 캐릭터 아바타를 이용해 애니메이션을 참조함으로써 일반적인 애니메이션 파이프라인의 많은 과정을 절약할 수 있고, 이를 조정해 근육 시스템을 이용하는 어떤 캐릭터에든 맞출 수 있다. 그럼 어떻게 되는 것인지 살펴보자.

캐릭터 아바타

가장 중요한 것을 먼저 알아보자. 임포트된 로봇의 Animation Type을 Generic에서 Humanoid로 바꾼 다음 Apply를 누른다.

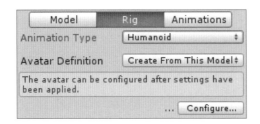

디폴트로 Create From This Model 매개변수를 이용하는 Avatar Definition에서 로봇의 스켈레톤을 인간형 토폴로지에 맵핑함으로써 이 모델의 로봇 아바타$^{Robot\ Avatar}$를 자동으로 생성할 것이다. 성공적인 맵핑의 핵심 요인은 계층과 이름 붙이기다(본의 방향과 비율 역시 중요하지만, 앞의 둘이 훨씬 중요하다). 알고리즘에서 Hip이란 이름의 본을 검색해, 루트 본이라면 여기에 부착된 본들과 함께 체크한다. 이 과정을 최대한 활용할 수 있게끔 반드시 올바른 이름 범례를 사용하자.

프로세스가 성공적으로 끝나면 Configure... 버튼 옆에 체크 마크가 보이게 되는데, 어쨌든 이 마크를 클릭하고 실제로 무슨 일이 일어나는지 확인하자.

유니티는 우리의 캐릭터가 중앙에 있는 새로운 씬을 열고, 현재 씬을 저장할 것인지 물어볼 것이다. 저장하는 편이 좋다.

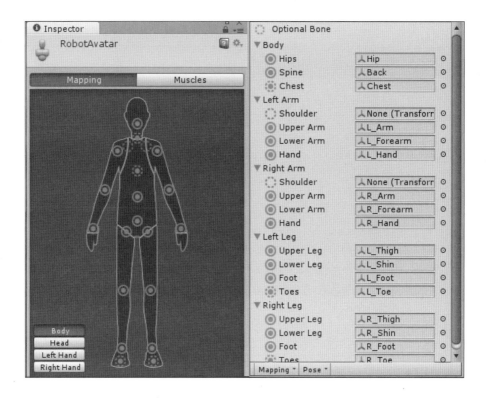

로봇 아바타는 인간형 몸에 선(필수)과 점(선택) 모양 원으로 된 본이 있다. 보다시피, 모든 필수 본들은 성공적으로 매치되고, 몇 개의 선택적 본들만 체크되지 않았다.

오른쪽 하단 구석에 있는 몸 부분(Body, Head, LeftHand, RightHand)들을 바꿔가면서 나머지 본들도 체크할 수 있다.

여기부터가 흥미로운 지점이다. 우리 캐릭터 모델의 씬 창을 보자(Configure… 버튼을 누르면 우리의 캐릭터가 있는 다른 씬이 보인다).

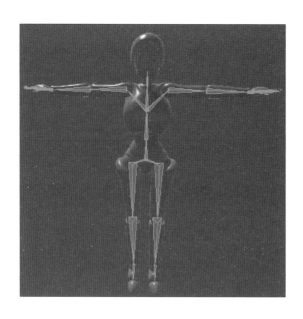

모든 본이 아바타에 성공적으로 맵핑됐으면 이제 녹색으로 표시된다. 유니티 토폴로지 표준을 따르지 않은 모든 추가 본들은 회색으로 표시된다. 스켈레톤을 템플릿에 맵핑하기 위해 유니티는 추가적인 본들은 제외하며, 그래서 애니메이션되지 않을 것이다. 그 흔한 예로서 상체에 아랫부분, 척추, 가슴이라는 세 개의 본 구조를 이용하면 척추가 회색으로 처리된다. 하지만 아바타 마스크와는 달리 자식 관계를 예외 처리하지 않으므로 가슴과 그 자식 구조는 제대로 애니메이션된다. 다소 불편할 수도 있지만, 유니티에서 인간형을 인식시키려면 스켈레톤을 생성할 때 몇 가지를 반드시 기억해야 한다.

정확한 토폴로지

우리가 토폴로지라고 말할 때는 스켈레톤에 엄격한 계층 구조를 따르는 본들이 있어야 함을 의미한다. 그렇다고 해서 캐릭터에 특정 스켈레톤이 없으면 오작동한다는 것은 아니며, 어떤 본은 있어도 되고 없어도 되지만 인간형이라고 정의하는 것에는 반드시 존재해야 하는 본을 뜻하는 것이다. 캐릭터가 유니티 표준에 의해 인간형으로 인식되려면 다음과 같은 구조의 스켈레톤이어야 한다.

- Hips ➤ Upper Leg ➤ Lower Leg ➤ Foot ➤ Toes

- Hips ➤ Spine ➤ Chest ➤ Neck ➤ Head
- Chest ➤ Shoulder ➤ Arm ➤ Forearm ➤ Hand
- Hand ➤ Proximal ➤ Intermediate ➤ Distal

안타까운 부분은 이 목록에 원하는 추가 본이 없을 경우 아바타에 추가할 수 없다는 점이다. 이 목록은 수정할 수 없다. 하지만 인간형 애니메이션 타입은 다양한 인간형 리그 표준을 기본으로 절충해 설계돼 있다는 점을 염두에 두자. 다른 표준을 이용하고 있다거나 더 정확하게 제어할 수 있게끔 본이 더 있고, 또는 애니메이션에서 인간형 리그를 변형해 이용하고 있다면 언제든 Generic으로 변경해 캐릭터의 리그 변경 없이 진행할 수 있다.

잘못된 토폴로지의 예

블렌더에서 생성한 전혀 이상 없는 본 구조가 유니티에서 볼 때는 어떻게 잘못될 수 있는지 사례를 들어 설명한다.

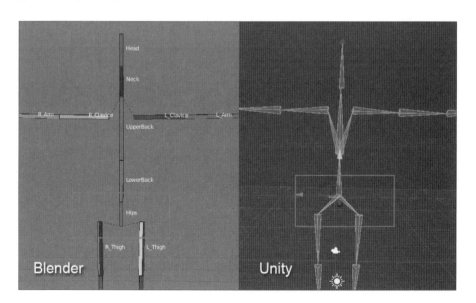

위의 이미지를 보면 Hips 본만 유니티에서 회색 처리한 것을 확인할 수 있다. Hips가 LowerBack 본의 자식 관계이므로 일어난 일이다. 이러면 유니티가 혼동을 겪어서 자동으로 계층의 가장 위에 있는 본을 Hips로 배정하고, 계층을 따라 내려가 UpperLegs

가 되는 두 개의 본을 찾은 후 R_Thigh와 L_Thigh를 찾는다(이들은 LowerBack의 자식 본이기 때문에 요건에 맞아 제대로 작동한다). 하지만 블렌더에서 가져온 우리의 Hips 본은 유니티에서 연관된 애니메이션 데이터와 함께 그냥 없는 것처럼 무시하게 된다.

애니메이션 참조를 사용할 생각이 없다면 이 문제는 그냥 무시하고 일반형 애니메이션 타입으로 전환해도 된다. 그러면 모두 문제없이 작동한다. 하지만 애니메이션 참조를 이용해야 한다면 다시 블렌더로 돌아가서 LowerBack이 Hips 본의 자식이 되도록 본의 부모 관계를 수정하는 방법밖에 없다.

근육

이 주제를 다루기 전에 올바른 근육의 동작을 위해 필수적인 것이 있으니, 바로 T 포즈다. 캐릭터가 반드시 T 포즈대로 모델링 및 리깅되도록 하는 것은 매우 중요하다. 어떤 이유에서든 캐릭터가 이렇게 돼 있지 않다면 다음을 따라 수정하자.

1. 인스펙터 창 하단의 Pose 드롭다운 메뉴를 찾는다.
2. Enforce T-Pose를 선택한다.

운이 좋다면 이것으로 될 것이다(캐릭터는 이에 벗어나도록 애니메이션돼도 좋지만, 실제 리그는 T 포즈여야 한다는 데 유의하자).

유니티에서 실제 근육은 믿을 수 없을 만큼 사용하기 쉽다. 리깅 과정에서 이미 적용한 규제라고 생각하자. 유니티는 신체 부분이 어떻게 구부러지고 비틀어지는지에 대해 자체 설정을 적용한다.

그 이점에 대해 알아보자. 하나는 벌거벗고 있으며, 하나는 중세 판금 갑옷을 완전히 장착하고 있는 두 캐릭터에 애니메이션을 적용한다고 가정해보자. 단지 애니메이션을 참조하는 것으로는 제대로 되지 않을 것이다. 벌거벗은 캐릭터가 뻣뻣해 보이거나, 갑옷을 장착한 신체 부분들이 갑옷을 뚫고 나오게 되는 등의 일이 벌어진다. 근육은 아바타를 각각 설정해 서로 다른 제약을 적용하고 애니메이션이 둘 모두에 더 나아 보이게끔 만들어준다. 기적적으로, 이 시스템이 갑옷으로 중무장한 캐릭터가 뒤로 공중제비를 넘는 동작도 똑같이 잘 구현하리라 생각하면 오산이다(특별한 갑옷을 디자인했다면 모르겠다).

실제 근육의 설정은 매우 직관적이다.

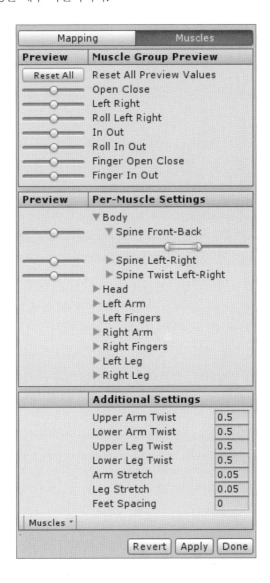

에디터는 세 가지 범주로 나뉘어 있다.

- Muscle Group Preview: 애니메이션의 일부거나 그렇지 않은 다양한 동작을 근육 그룹에 적용해 테스트할 수 있게 해준다.

- **Per-Muscle Settings:** (인간형 스켈레톤에서 생성돼 캐릭터의 본에 맵핑된) 각 개별 근육에 제약을 적용하게 해준다. Preview 칸에 있는 계층을 더 살펴보고 오른쪽의 슬라이더를 이용해 동작의 범위를 명시하고, 왼쪽의 슬라이더로 테스트해볼 수도 있다.
- **Additional Settings:** 캐릭터가 제대로 애니메이션되도록 추가적인 옵션을 제공한다.

모든 옵션 설정이 끝나면, Apply를 클릭한 다음 Done 버튼을 눌러 이전 씬으로 돌아갈 수 있다.

캐릭터 근육 조정

다음 장에서는 유니티 애셋 스토어에서 운동 애니메이션 패키지를 임포트할 것이다. 인간형 애니메이션 타입은 우리의 캐릭터가 이 패키지를 참조하도록 도와주지만, 캐릭터가 무작위적인 애니메이션에 어우러져 보이도록 해야 한다. 즉 근육 시스템의 올바른 설정이 필요하다. 근육을 편집하고 모션 슬라이더를 이용해 캐릭터의 움직임이 지오메트리와 겹치지 않도록 제한해보자. 우리 캐릭터에서 가장 문제가 되는 부분은 가슴인데, 달릴 때 지오메트리에 의해 손이 뭉개질 수 있기 때문이다. 최종 결과물은 Muscle Group Preview 슬라이더로 캐릭터를 테스트하는 동안 지오메트리에 겹쳐지는 부분이 없어야 한다.

추가 옵션

인간형 애니메이션 타입은 Animation 탭에서 더 많은 옵션을 사용할 수 있다.

애니메이션 클립에는 이제 Looping, RootTransforms, 그리고 loop match라 불리는 Root Rotation을 위한 추가 표시가 생긴다. 이 표시들은 애니메이션의 첫 번째와 마지막 프레임의 차이를 평가해 Loop Pose 옵션을 이용할지 여부를 제안한다.

새로운 인간형 애니메이션 타입 역시 마스크로는 인간형 설정을 가져왔다.

인간형 마스크를 이용해서 서로 다른 근육 그룹과 IK가 애니메이션에 영향을 받지 않도록 활성화하거나 비활성화할 수 있고, 그 결과는 프리뷰 창에서 바로 확인할 수 있다. 유니티 v5.01에서는 인간형 애니메이션 타입에 LeftFoot, RightFoot, LeftHand, RightHand IK만을 지원한다.

애니메이션 파이프라인의 이 부분에 대한 내용은 여기까지다. 시스템이 어떻게 작동하는지, 어떤 결과를 기대할 수 있는지 등 필수 사항들은 다 익힐 수 있었으리라 기대한다.

요약

3D 모델링 소프트웨어에서 캐릭터를 유니티로 가져오는 것이 이보다 더 쉬울 수는 없다. 유니티의 인기 파일 포맷 지원과 블렌더, 마야, 3Ds 맥스에 대한 추가적 호환성으로 인해 매우 유연한 파이프라인이 만들어진다. 인간형 애니메이션 타입은 놀라운 기능이며, 엄격한 표준에 따라 조정하기만 한다면 애니메이션 프로세스의 속도를 높일 수 있다.

유니티로 임포트해온 이후 리그에서 이상한 행동 양식이 생긴다면, 유니티 포럼(http://forum.unity3d.com/)에서 해결책을 찾아보자. 다른 이들이 이미 똑같은 문제를 경험하고 그에 대한 해결책을 찾았을지도 모른다.

다음 장에서는 드디어 메카님이라는 괴물 같은 신기능을 살펴보면서 지금까지 해온 모든 작업을 여기서 얼마나 해낼 수 있는지 알아보자.

6

고급 애니메이션을 위한 메카님 이용

메카님 애니메이션 시스템은 유니티 버전 4의 주요 기능이다. 유연하고 사용하기 쉬우며, 애니메이션 시스템을 구축하는 데 프로그래머의 개입이 줄어들고, 전반적인 개발 사이클이 짧아지는 추가적인 혜택을 준다. 6장에서는 그것이 가능한 이유를 살펴보자.

이 장에서는 다음 주제를 다룬다.

* 애니메이터animator 툴의 기본과 기능
* 상태 기계state machine의 생성과 제어
* 모션의 블렌딩, 컴바이닝, 레이어링
* 기본 운동 생성

이 장의 끝부분에 가면 코딩은 최소화하면서 애니메이션 시스템을 몇 분 안에 설정하고 제어하며 유지할 수 있게 될 것이다. 사용 가능한 애니메이션, 기능성 요건, 리그를 기준으로 다양한 케이스 시나리오를 살펴본다. 그럼 예고는 여기까지만 하고 바로 시작해보자!

애니메이터 컨트롤러

애니메이션 컨트롤은 지루하고 복잡한 과정이다. 레거시 애니메이션 시스템을 이용하는 모든 개발자에게는 프로그래밍에 대한 심도 있는 이해가 필수적이었기에 상태 기계 코드를 작성하는 프로그래머들에게 애니메이션의 제어가 완전히 위임되는 결과를 초래했었다. 하지만 이제는 그렇지 않다. 아직도 어느 정도의 코딩은 필요하지만, 주된 작업은 이제 비주얼 에디터^{Visual Editor}에서 처리돼 보조적으로만 하면 되므로 애니메이터들이 언제 어떻게 애니메이션이 플레이되고 전환 및 한계, 조건에 따라 컨트롤을 설정할지 완전히 제어할 수 있게 됐다. 이 새로운 시스템이 바로 메카님^{Mecanim}이다.

회의적인 독자들의 의심을 풀어주기 위해 시스템에 대한 칭찬은 이쯤에서 마치고, 실제 어떻게 작동하는지 함께 연습해본다.

하지만 그 전에 몇 가지 처리해야 할 것이 있다.

1. 로봇의 프리팹을 생성하고 씬에 끌어온다.

2. 화면 상단의 메뉴에서 Window ➤ Asset Store로 가서 애셋 스토어를 연다.

3. 검색 필드에 Raw mocap data for Mecanim을 타이핑한다.

4. 검색 결과에서 Raw mocap data for Mecanim을 선택한다.

5. Import 버튼을 클릭해서 패키지를 다운로드한다.

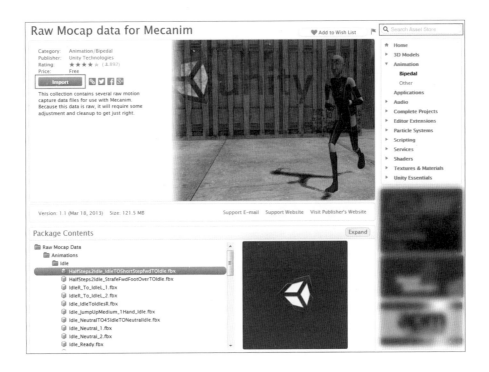

이 패키지는 유니티 테크놀로지스에서 무료로 제공하는 것이다.

로봇의 프리팹을 클릭해보면 이제 Animator라는 컴포넌트가 부착된 것을 볼 수 있다. 이것이 레거시 시스템을 위한 애니메이션 컴포넌트의 메카님 버전이다. 하지만 애니메이션과는 다르게 클립 리스트를 저장하지 않고, 애니메이터 컨트롤러 오브젝트의 상태 기계들을 담고 있다. 메카님으로 작업하려면 오브젝트를 생성해야 한다.

1. 프로젝트 창에서 Create를 클릭한다.

2. Animator Controller를 선택한다.

3. CharacterController라고 이름 붙인다.

4. Animator 컴포넌트의 Controller 매개변수에 배정한다.

5. Apply Root Motion을 체크했는지 확인한다.

애니메이션 상태

생성된 CharacterController를 더블 클릭하거나 상단 메뉴의 Window ➤ Animator로
가면 모든 마법이 일어날 애니메이터 창이 열린다.

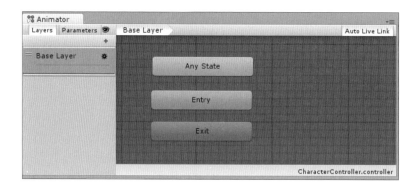

메카님 애니메이션 시스템은 캐릭터의 행동을 여러 가지 상태로 분리해 특정 상태에
있는 동안 배정된 애니메이션 클립을 재생하는 개념을 기반으로 한다. 상태들 간의
변환은 정해진 조건에 따라 정의되며 Parameters에 의해 조정된다.

상태

애니메이터 창에서 빈 공간을 우클릭하고 Create State ➤ Empty로 간다.

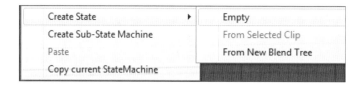

이러면 첫 번째 상태가 생성되고, 다음과 같이 애니메이션 클립에 배정할 수 있게 된다.

1. Create New State를 선택한다.

2. 상태의 이름을 Idle로 고친다(인스펙터 창에서).

3. 인스펙터 창에서 Motion 매개변수에 Idle_Neutral_1 애니메이션 클립을 배정한다
   (Raw Mocap ➤ Animations ➤ Idle ➤ Idle_Neutral_1).

다 됐다. Play를 누르면 씬 창에서 우리의 캐릭터에 Idle_Neutral_1 애니메이션이 재생되는 것을 볼 수 있다.

그럼 잠깐 한 단계 뒤로 가서 어떻게 이렇게 되는지 알아보자.

첫 번째로 생성한 상태는 자동으로 디폴트로 배정되며 주황색이 된다. 프로젝트 창에서 Run_Impulse 애니메이션 클립을 선택하고 Create State ➤ From Selected Clip으로 가서 새로운 상태를 생성해보자. 이러면 상태가 바뀐다. 이 상태를 선택된 Run_Impulse 애니메이션 클립에 배정하고 이에 맞게 이름을 바꾸자. 아니면 프로젝트에서 애니메이터 창으로 그냥 애니메이션을 끌어다 놓아도 된다.

Run_Impulse 상태를 우클릭하고 Set as Layer Default State를 선택하면 이 상태를 디폴트로 선택할 수 있다.

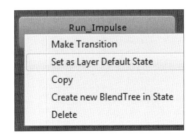

이제 두 개의 애니메이션 상태가 있는데, 그러면 어떻게 한 상태에서 다른 상태로 전환할 수 있을까? 짧게 답하자면 전환을 생성해야 한다.

1. Idle 상태를 우클릭한다.

2. Make Transition을 선택한다.

3. Run_Impulse 상태를 좌클릭한다.

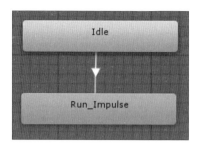

이제 이 두 상태가 상태 전환 조건에 부합하자마자 Idle_Neutral_1 애니메이션을 Run_Impulse 애니메이션으로 바꿔주는 한 가지 전환 방식으로 연결됐다. 한 애니메이션의 재생이 끝나려 하자마자 전환이 이뤄지는 **Exit Time**으로 기본 설정돼 있고, 남은 시간은 다음 애니메이션 클립으로 서서히 이어져가는 데 사용되는 방식이다. 한 번 해보자. 캐릭터가 이제 보통의 Idle_Neutral_1 애니메이션을 재생한 다음 Run_Impulse 애니메이션으로 부드럽게 전환될 것이다.

매개변수

애니메이션 전환을 컨트롤하는 열쇠는 애니메이션 창 상단 왼쪽 구석의 **Parameters** 탭에 숨겨져 있는 커스텀 매개변수들이다.

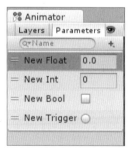

매개변수는 애니메이터와 스크립트 사이의 커뮤니케이션에 이용된다. 최초 매개변수들은 애니메이터 창에서 **+** 기호를 누르고 추가할 매개변수 타입을 선택해 설정할 수 있다. 그린 다음에는 프로_1래머블이 코딩에서 이 매개변수를 참조해 변경할 수 있다. 매개변수 값 변경은 애니메이터가 설정한 조건에 의해 애니메이션의 전환을 유발하는 데 이용된다. 그러므로 개발자들은 코드를 이용해 매개변수 값만 변경하면 되고, 실제의 관리는 애니메이터 창에서 설정된 조건에 의해 제어된다는 것을 알 수 있다.

매개변수의 종류

유니티 V5.01에서는 다음과 같은 네 가지 매개변수 타입에 접근할 수 있다.

- New Int: 음의 정수 값이며, 분수(소수)는 사용할 수 없다.
- New Float: 십진수다.
- New Bool: 참인지 거짓인지를 나타내는 불리언Boolean 값이다.
- New Trigger: 불리언과 같지만, 전환이 완료되자마자 거짓으로 변하는 추가 이점이 있다(이후 예제에서 트리거 매개변수로 쓸 것이다).

전환을 위한 설정 조건

그러면 이 매개변수들을 이용해 어떻게 우리의 애니메이션 변경을 트리거할까?

가장 기본적인 예로 서 있다가 걸어가는 것, 우리의 경우에는 Idle_Neutral_1 애니메이션에서 Run_Impulse 애니메이션으로 바뀌는 것부터 시작하자. 우리의 목표는 캐릭터의 수평 속도가 0보다 클 때는 무조건 캐릭터가 달리기 시작해야 한다는 것이다. 하지만 속도가 0으로 돌아오자마자 다시 서 있어야 한다. 이를 달성하려면 다음과 같이 한다.

1. Float 타입의 새로운 매개변수를 생성한다.
2. Zspeed라고 이름 붙인다.

이 매개변수는 스크립트에서 참조하므로 이름을 정확하게 넣어야 한다.

이제 다음처럼 Idle에서 Run_Impulse로 가는 변환 화살표를 선택해야 한다.

1. Zspeed 매개변수가 생성되면 이제 인스펙터 창 하단에 있는 Conditions 하위의 변환 화살표를 선택해 설정할 수 있다.
2. Zspeed의 조건을 0.1보다 크게 설정한다. 이렇게 하면 한 애니메이션에서 다른 애니메이션으로 부드럽게 변환된다.

3. Has Exit Time 박스를 체크 해제한다.

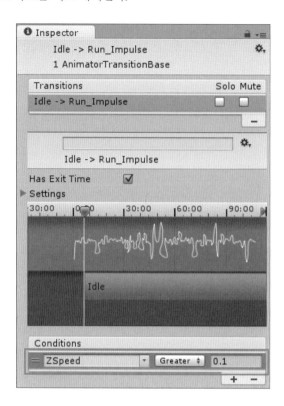

아직 다 된 것이 아니다. 이것은 일방 변환 방식일 뿐이며, 다시 Idle 상태로 되돌려야한다.

1. Run_Impulse 상태에서 Idle로 변환을 생성한다.

2. Zspeed를 0.1보다 작게 해서 이 변환으로의 조건을 설정한다.

3. Has Exit Time 박스를 체크 해제한다.

4. Chapter 6 폴더의 MoveForward 스크립트를 가져와서 씬 창에서 로봇 게임오브젝트의 컴포넌트로 배정한다.

더 진행하기 전에 Run_Impulse 파일(애니메이션 클립의 부모)을 선택해 Run_Impulse 애니메이션의 Loop Time 박스를 체크하고 Animation 탭으로 가보자.

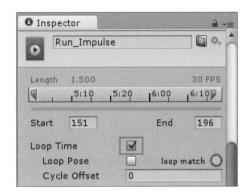

이제 됐다. MoveForward 스크립트는 **Zspeed** 값의 입력과 변경을 처리할 것이고, 나머지는 방금 애니메이터 창에서 설정한 변환에 의해 처리된다. 직접 확인해보려면 **Play** 버튼을 누르고 **W** 키를 이용해 앞으로 가본다.

블렌드 트리

애니메이션을 하나에서 다른 것으로 변환하는 작업은 이제 간단히 처리할 수 있다. 하지만 요즘 시대에는 모션의 범위가 늘어나서, 새로운 모션들을 생성하기 위해 여러 애니메이션을 블렌딩할 필요가 훨씬 커졌다. 이럴 때 블렌드 트리^{blend tree}가 필요하다.

개요

애니메이션 블렌딩을 더 잘 이해하기 위해 이전 예에서 봤던 애니메이션 변환과 비교해보자. 애니메이션 변환에서는 짧은 시간 동안 선형 보간^{interpolation}을 넣어서 한 애니메이션에서 다른 애니메이션으로 간다. 애니메이션 블렌딩은 이 짧은 시간 동안의 보간이다. 블렌드 트리는 다양한 애니메이션을 설정하고 매개변수로 제어함으로써 캐릭터에게 언제 어떻게 영향을 줄지 정의할 수 있게 해준다.

블렌드 트리의 가장 기본적인 용도는 걷기에서 달리기로 부드럽게 전환하는 것이다. 게임패드로 삼인칭 게임을 플레이해본 적이 있다면, 조이스틱을 천천히 앞으로 밀 때 캐릭터가 얼마나 부드럽게 걷다가 달리게 되는지 봤을 것이다. 바로 이것이 블렌드 트리에서 달성하고자 하는 그 느낌이다.

블렌드 트리 생성

블렌드 트리는 금방 연습해봤던 애니메이션 상태의 더 발전된 버전이라고 생각하면 된다. 생성 과정 역시 상당히 비슷하다.

1. 애니메이터 창에서 빈 공간을 우클릭한다.

2. Create State ➤ From New Blend Tree로 간다.

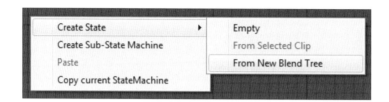

이러면 보통의 애니메이션 상태와 믿을 수 없을 만큼 비슷한 새로운 블록이 생성된다.

블렌드 트리 변환은 애니메이션 상태 변환과 정확히 동일한 방식으로 작동한다. 따라서 이전에 만든 Run_Impulse 상태에서 Run 블렌드 트리로 그냥 전환할 수 있다.

1. Run_Impulse 상태를 우클릭한다.

2. Create New Blend Tree in State를 선택한다.

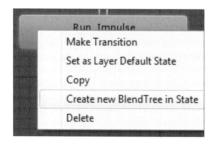

후자를 이용하면 이전에 구성했던 모든 변환 조건을 유지할 수 있다.

블렌드 트리 사용을 디폴트로 해야겠다는 생각이 들 수도 있다. 하지만 그래서는 안 되며, 애니메이션 블렌딩에만 활용하자. 다른 때에는 상태 사용을 고수하는 편이 훨씬 간단하다.

블렌드 트리 내부

Blend Tree를 더블 클릭하면 모든 블렌딩이 이뤄지는 내부를 볼 수 있다.

보다시피, 이미 ZSpeed 매개변수를 컨트롤하는 슬라이더가 있다. 이 단계에서는 이 매개변수만 사용할 수 있다. 이 매개변수는 애니메이션 사이의 블렌딩을 제어하게 된다. Blend Tree를 선택했으면 이제 Inspector 뷰를 빠르게 훑어보자.

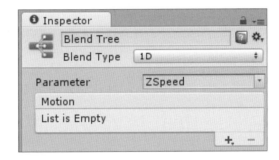

Parameter 필드는 애니메이션 블렌딩(우리의 경우에는 ZSpeed)을 제어하게 되는 매개변수를 명시한다.

Motion에는 애니메이션 클립의 목록과 우리가 블렌딩할 수 있는 블렌드 트리들이 들어있다.

1. Motion 목록에서 + 기호를 누르고 두 개의 모션 필드를 추가하자.

2. 여기에 WalkFWD와 Run_Impulse 애니메이션 클립을 배정한다(WalkFWD를 위에, Run_Impulse를 아래에).

애니메이터 창에서 이제 이 그림으로 트리 다이어그램 같은 것을 가져올 수 있다.

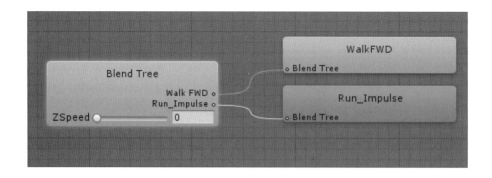

WalkFWD 상태가 Run_Impulse 상태보다 약간 밝은 것을 볼 수 있다. ZSpeed는 0으로 설정돼 최대 값인 1로 만들면 바로 전환된다. 지배적인 클립이 밝은색으로 돼 있는 것은 현재 블렌딩이 되고 있다는 뜻이다. 그뿐 아니라, 연결하는 선의 색상 역시 현재 어떤 애니메이션 클립이 지배적인지에 따라 파란색에서 흰색으로 변한다. 블렌드 트리가 작동한다는 것은 이렇게 표시된다. 실제 이런 블렌드의 제어는 인스펙터 창에서 이뤄지며, 지금은 이전에 추가한 클립보다 더 많은 매개변수가 담겨 있다.

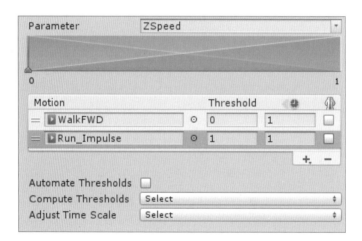

블렌딩 매개변수 바로 밑에서 매개변수 값에 추가된 모션을 맵핑하는 피라미드형 그래프를 볼 수 있다. 두 개의 애니메이션이 있으며, 그중 하나는 ZSpeed 값이 0일 때의 캐릭터에게 완전히 영향을 주고, 매개변수 값이 1에 도달하면 다른 애니메이션으로 선형적으로 블렌딩한다.

좌클릭을 하고 아무 피라미드나 고정시키면 어떤 애니메이션 클립이 여기에 해당하는
지 볼 수 있다.

0에서 1까지의 값은 디폴트로 매개변수에 주어져 있다. 이는 모션의 최대 Threshold
값을 수정해 변경할 수 있다. 모든 모션이 목록화돼 있고 애니메이션 웨이트 스케일
weight scale을 공유하므로 단일 애니메이션이 웨이트의 100퍼센트에 도달하는 지점이
역치가 되고, 그동안 다른 애니메이션들은 전혀 영향을 미치지 않는다. 그래서 단일
애니메이션만 재생되는 애니메이션 Parameter 값이 있다. Threshold 필드를 변경하려
면 바로 아래에 있는 Automate Thresholds 박스를 반드시 체크 해제해야 한다. Run_
Impulse 모션의 Threshold 값을 4로 바꿔 씬에서 무슨 일이 일어나는지 더 잘 보이도
록 하자.

앞에서 언급한 Automate Thresholds를 기억해두면 실제로 굉장히 유용하다. 주된 목
표는 역치의 최솟값과 최댓값 사이에서 모든 모션을 균등하게 분배하는 것이다. 예를
들어, 걷기와 달리기 사이에 추가적인 모션을 넣고 싶은 경우 Threshold를 1로 설정하
고 Automate Thresholds를 체크하면 즉시 2로 점프한다(0, 2, 4).

하지만 두 개 이상의 모션을 추가할 때는 어떤 일이 발생하게 될까? 이 모션들이 그
래프를 어떻게 공유할까? 규칙은 간단하지만 처음 볼 때는 그다지 직관적이지 않다.
다음과 같이 작동한다.

- 각 모션에는 한 모션만이 모델에 영향을 미치는 Threshold가 있어야 한다.
- 어떤 시점에서든, 애니메이션들은 모델에 100퍼센트 영향을 공유한다.
- Motion 목록에 있는 각 모션은 위에 있는 것보다 Threshold 값이 더 높아야
  한다.

첫 번째 것은 조정하기 쉽다. 특정 애니메이션이 블렌딩 없이 재생되길 원하지 않을
때는 역치를 애니메이션 Parameter가 다다를 수 없는 값으로 정하면 된다.

두 번째 항목은 버텍스 웨이트 페인팅vertex weight painting과 같은 원칙을 이용하는데, 어
떤 시점에서든 애니메이션이나 애니메이션 그룹은 모델에 100퍼센트 이상의 영향을
줄 수 없다. 두 개의 애니메이션이 있고 하나가 모델에 80퍼센트의 영향을 주고 있다

면, 다른 애니메이션의 영향은 20퍼센트뿐이거나 블렌딩이 일어나지 않는다.

세 번째 항목은 권장 요소라 할 수 있는데, 더 낮은 역치를 넣으면 모션들과 겹쳐지게 되므로 결과가 보기에 좋지 않을 것이다. 또한 한 번에 두 개 이상의 모션이 작용할 수 없도록 보장한다.

하지만 실제로 둘 이상의 모션을 블렌드할 필요가 있을 때는 어떻게 할까? 이를 처리할 방법이 있을까? 물론 있겠지만, 관리하기가 좀 더 까다로워질 수 있다. 이를 처리하려면 Motion 필드 대신 Motion 목록에 Blend Tree를 하나 더 추가한다.

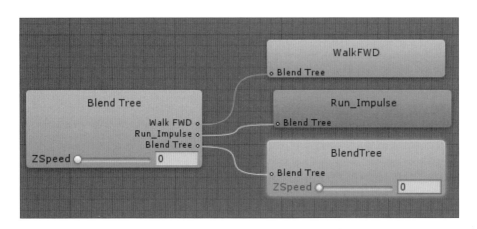

다른 블렌드 트리 옵션

모션 목록에는 역치 다음으로 언급해야 할 두 개의 매개변수가 더 있다.

- 시계 기호 ⊙는 애니메이션 속도 매개변수며, 점프 모션에서 착지 모션을 만드는 것처럼 반대 모션을 만들려 할 때 특히 유용하다.
- 거울 애니메이션 ◀▶은 인간형 리그에만 적용할 수 있고, 아바타를 이용해 몸의 한쪽 애니메이션을 반대쪽에도 적용해준다.

맨 밑에 두 개의 기능도 있다.

Compute Thresholds는 흥미로운 기능이다. 애니메이션의 루트에 있는 모션을 기반으로 역치 값을 자동으로 계산해준다. 기본적으로 캐릭터 이동에 쓰는 걷기와 달리기 애니메이션이 있다면, 드롭다운 메뉴에서 Speed 매개변수를 이용해 이 둘을 제어하고 캐릭터가 움직이는 속도에 따라 역치를 설정하는 것이다. 하지만 루트 모션이 없을 때는 아무런 소용도 없다. 사용 가능한 매개변수는 다음과 같다.

1. Speed(속도의 값)
2. Velocity X
3. Velocity Y
4. Velocity Z
5. Angular Speed(Rad)
6. Angular Speed(Deg)

타임 스케일 조정

모션 목록에 Blend Tree를 추가했다면 이 매개변수가 나타나도록 삭제하자. Homogeneous Speed를 선택하면 모션 목록에서 설정한 최솟값과 최댓값을 기준으로 애니메이션의 속도를 다시 잡을 수 있다. 자연히 일부 애니메이션의 속도와 길이는 다를 수 있지만, 모든 모션이 단일 블렌딩으로 재생될 수 있도록 블렌딩은 절충점을 찾아서 재조정해야 한다. Reset Time Scale은 모든 애니메이션 속도 값을 1로 되돌린다.

레이어

한 애니메이션에서 다른 애니메이션으로 전환하는 애니메이션 블렌딩과는 달리, 서로 다른 애니메이션들을 합쳐서 새로운 것을 만들 필요도 있다. 공격하는 애니메이션과 달리는 애니메이션이 있는데, 달리면서 공격하는 애니메이션은 없다면 어떻게 해야 할까? 다행히 모든 케이스에 따라 일일이 애니메이션을 만들 필요 없이, 애니메이션 레이어를 이용해 합성할 수 있다.

생성

Layer 탭은 애니메이터 창의 오른쪽 상단 구석에 있으며, + 기호를 눌러 레이어를 추가 및 제거하거나 Right Click ➤ Delete로 가서 수정할 수 있다.

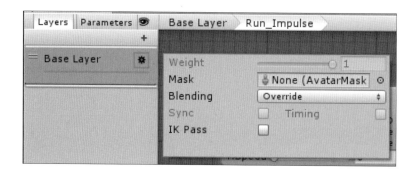

보다시피, 레이어를 제어하는 매개변수는 세 가지가 있다.

- Weight 슬라이더는 모델의 각 레이어 효과를 제어한다.
- Mask는 레이어들의 합성과 애니메이션 합성 작업을 하는 핵심 컴포넌트다. 상체를 활성화환 아바타 마스크를 생성하면, 이 레이어만 다음 애니메이션 지시를 따르도록 할 수 있다.
- Blending이 우리가 사용하려는 합성 타입이며, 둘 중 하나를 선택한다.
    - Override는 이전 레이어들을 완전히 무시하고 아바타 마스크에 명시된 이 레이어의 신체 부분 레이어로 모션을 덮어 쓴다.
    - Additive는 이전 레이어와 그 모션의 맨 위에 모션을 추가한다.

Blending을 제대로 제어하려면 Weight 매개변수 값이 중요하다.

움직이며 손 흔드는 모션

손 흔들기와 걷기 애니메이션을 합성하려면 다음과 같이 먼저 양 팔과 머리에만 영향을 미치는 아바타 마스크를 생성해야 한다.

1. 프로젝트 창에서 Create 드롭다운 메뉴를 통해 새로운 아바타 마스크를 생성한다.
2. WaveMask라고 이름 붙인다.
3. 인스펙터 창에 있는 WaveMask의 Humanoid 속성 하위에서 왼손, 팔, 그리고 팔 IK를 제외한 모든 체크를 해제한다.
4. 애니메이터 창으로 돌아가서 Layer 탭 하위에 Wave라는 새로운 레이어를 생성한다.

5. Wave 레이어의 **Weight** 매개변수를 1로 설정한다.

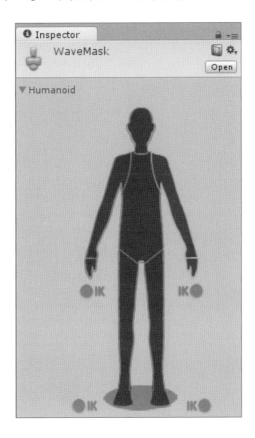

새로 생성한 WaveMask를 Wave 레이어의 **Mask** 속성에 배정한다.

이제 레이어를 클릭해 이 상태를 설정할 수 있다.

레이어 간의 커뮤니케이션이 어떻게 이뤄지는지 잠깐 살펴보자. 한 레이어에서 다른 레이어로의 전환은 없으며, 모든 레이어에는 저마다 다른 레이어와 독립적으로 작용하는 상태 시스템이 있다. 그렇기 때문에 새로 생성한 Wave 레이어는 이론적으로는 흔드는 상태와 수동적인 상태라는 두 개의 가능한 상태를 가지며, 둘만 있으면 된다. 이 로직에 따라 두 개의 상태를 생성해야 한다.

- 첫 번째 상태는 Passive라 부르고, 애니메이션 클립이 들어있지 않으며 디폴트로 설정해야 한다.
- 두 번째 상태는 Waving이라 부르고, 우리의 로봇과 함께 임포트한 Robot_Armature ➤ Robot_ArmatureAction Animation Clip을 담고 있다.

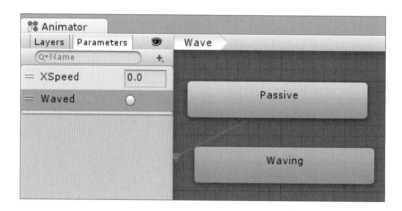

상태 전환을 제어하기 위해 트리거 타입의 새로운 매개변수를 추가하고 Waved라 부르자. Waved는 코드에 의해 제어되며 클릭으로 활성화하므로, Waving 상태로 전환했다가 즉시 끝난다(불bool과 달리, 코드를 통해 트리거를 해제할 필요는 없다). 또한 Passive 상태를 오가는 두 개의 전환도 필요하다.

- Passive에서 Waving으로 가는 것은 Waved 트리거에 의해 제어되며, 이를 위해 Conditions 하위 목록에 등록해야 한다.
- Waving에서 Passive로의 이행은 애니메이션 재생이 끝나자마자 이뤄져야 하므로, 변환 Conditions 하위의 디폴트 Has Exit Time을 그대로 둔다.

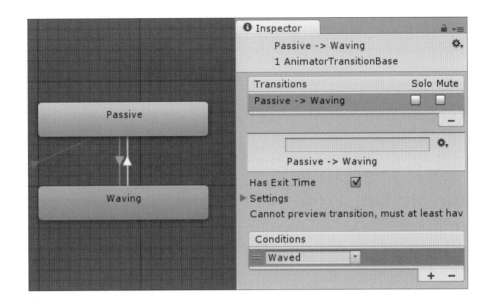

이제 됐다. 모든 것이 정확하게 설정됐다면 앞으로 걷기/달리기와 손 흔들기 액션을 할 수 있다.

2D 블렌딩

그럼 잠시 블렌딩으로 돌아가보자. 지금까지 우리는 단일 매개변수에 의해 제어되는 블렌딩 모드로 걷기에서 달리기로 전환 가능하게 만드는 법을 살펴봤다. 하지만 직선으로 걷는 것 외에, 왼쪽과 오른쪽으로 몸을 돌릴 때 빠르게 방향을 바꾸는 대신 부드럽게 방향을 트는 것도 좋아 보일 것이다. 이 동작을 제어하려면 수직과 수평 축 모두의 입력이 필요하므로 두 배 많은 매개변수가 생긴다. 다행히 유니티에서는 우리가 원하는 다양성에 맞춰 여러 2D 블렌딩을 제공하고 있다.

블렌딩 변형

인스펙터 창에서 블렌드 트리를 보면, **Blend Type**이라는 매개변수에 대한 언급을 생략했다는 점이 눈에 띌 것이다. 대부분의 블렌드 타입은 우리가 살펴본 디폴트 1D 블렌딩처럼 복잡성으로 인해 두 배나 많은 매개변수로 작업하는 것과 비슷한 방식으로 작동하기 때문에 의도적으로 생략했다. 그러므로 만약 1D 블렌딩이 어떻게 작동하는 것인지 완전히 이해하지 못했다면 앞으로 돌아가 이 장에서 제공한 예제들과 함께 유니티 공식 문서를 읽어보길 권한다(인스펙터 창 안에서 Blend Tree 제목 옆 북마크를 클릭하면 볼 수 있다). 이제부터 다룰 주제는 이전 자료를 잘 이해해야만 따라올 수 있다.

준비됐는가? 그렇다면 시작해보자!

Blend Type 매개변수의 드롭다운 메뉴에는 다음과 같은 네 가지 옵션이 있다.

1D: 우리가 이미 살펴본 하나의 매개변수에 의해 블렌딩이 제어된다.

2D Simple Directional: 방향을 나타내는 두 개의 매개변수에 의해 컨트롤되는 모션이다. 걷기를 예로 들면, 수직과 수평 속도를 두 개의 방향 매개변수로 사용해 걷는 단일 모션을 제어할 수 있다. 특정한 2D 블렌딩 타입에서는 한 방향의 단일 모션으로 제한될 수도 있으므로, 달리기로 전환하는 것은 불가능하다.

2D Freeform Directional: 위와 마찬가지지만, 하나의 모션으로 제한되지 않는다. Walking ➤ Jogging ➤ Running ➤ Sprinting: 무엇이든 이 블렌딩 타입으로 합쳐진다.

2D Freeform Cartesian: 이 타입은 방향보다 각도 같은 매개변수를 컨트롤하는 데 더 좋다.

Direct: 블렌드 매개변수를 직접 컨트롤할 수 있게 해준다. 또한 각 모션을 수동으로 컨트롤할 수 있는 유니크한 매개변수를 배정할 수 있으므로 얼굴 표정에 이용하기가 좋다.

모든 것은 점으로

다음 예에서는 2D Freeform Directional 블렌드 타입을 사용한다. 두 번째 매개변수로 XSpeed라고 부를 플로트 타입과 Motion 목록에서 비어있는 세 번째 모션이 필요하다. 인스펙터 창이 이제 다음 그림과 비슷하게 보일 것이다.

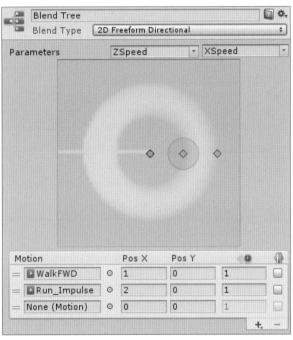

정확한 색상이 아니더라도 걱정할 필요는 없다. 선택한 요소에 따라 색상은 변한다.

언뜻 보면 1D 블렌딩의 단순한 그래프와 별 차이 없어 보이지만, 실제로 모션 변환을 표시하는 것과 꽤 비슷하다.

Motion 목록을 살펴보자. 눈에 익은 역치 대신 Pos X와 Pos Y가 보일 텐데, 실제로는 제어되는 첫 번째와 두 번째 매개변수의 역치다(ZSpeed는 다이어그램의 X 축으로, XSpeed는 Y 축으로 표시된다). X와 Y 모션 포지션은 2D 평면에 투사돼 파란색 아이콘으로 표시된다.

맵핑은 다음과 같이 작동한다. 근원은 다이어그램 중앙에 위치하며 X 값은 왼쪽에서 오른쪽으로, Y 값은 아래에서 위로 커진다.

아무 파란색 아이콘이나 클릭하면 Motion 목록에 하이라이트된 모션이 보이고, 거꾸로 목록에서 모션을 선택하면 다이어그램에서 하이라이트된다.

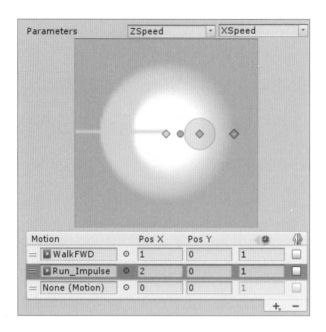

다른 모션을 선택하면 다이어그램의 색상이 변하는 것을 볼 수 있다. 이 색상은 X와 Y 값의 특정 범위 내의 모션 웨이트를 표시하며, 파란색의 농도는 웨이트의 영향을 표시한다. Run_Impulse 모션을 선택하면 다이어그램에서 그 역치 위치((2, 0))로부터 보이고, 애니메이션을 완전히 제어하게 된다. 하지만 근원에 가까이 갈수록 영향력이 줄어들어 WalkFWD 모션 역치에 다다르게 된다.

회색 아이콘은 애니메이션 클립이 선택되지 않은 모션 목록의 항목들이다(우리가 막 생성한 비어있는 클립이다).

빨간색 아이콘은 두 개의 컨트롤된 매개변수의 현재 값이다. Blend Tree 블록의 ZSpeed와 XSpeed 값을 변경하면 이에 따라 위치가 변하는 것이 보인다. 아니면 그냥 다이어그램 안에서 직접 드래그해도 프리뷰 창에서 캐릭터가 이에 반응해 변하는 것을 볼 수 있다. 파란색과 회색 아이콘들도 마찬가지 방식으로 변경할 수 있다.

마지막으로, 중요성에 있어서는 뒤지지 않을 파란색 아이콘을 둘러싼 원이 있다. 이 원은 둘러싼 특정 모션의 웨이트를 시각적으로 표시한다. 영향력이 클수록 원의 반경도 커진다. 빨간색 아이콘을 한 모션에서 다른 모션으로 끌고 가면 파란색 아이콘을 둘러싼 원의 반경이 변하는 것을 볼 수 있다.

이 개요로 다이어그램을 좀 더 쉽게 읽고 관리할 수 있게 됐길 바란다. 이제부터는 캐릭터의 걷기/달리기 사이클을 완전히 만들어내는 방법을 살펴본다.

운동 생성

배울 것이 너무 많은 듯하니 더 알기 쉽게 단계별로 캐릭터의 운동 생성에 접근해 보자.

1. 새로운 **애니메이션 컨트롤러**를 생성하고 Robot_Locomotion이라 부르자.

2. 이것을 로봇 Animator 컨트롤러 매개변수에 배정한다.

3. Locomotion 스크립트를 로봇 컴포넌트에 추가하고(Chapter 6 폴더에 있다.) MoveForward를 제거(혹은 비활성화)한다.

설정

우리가 생성할 모션들은 다음과 같다.

- 걷기(앞으로와 뒤로)
- 좌우 이동(오른쪽과 왼쪽으로)
- 방향 전환(걸으면서와 제자리에서)

이렇게 하면 이미 만든 애니메이션을 완전히 활용하면서 코드는 최소한만 넣어도 된다.

매개변수에 대해서는 세 가지가 필요하다.

- 움직임과 회전을 제어할 플로트 ZSpeed와 XSpeed
- 우리의 캐릭터가 언제 좌우 평행 이동을 해야 하며 걷는 사이클과 충돌을 피할지 알 수 있는 불 Strafing

이들 매개변수를 이전에 만든 Robot_Locomotion 애니메이션 컨트롤러에 추가하면, 스크립트가 입력을 처리해 이에 맞게 매개변수를 변경하므로 걱정할 필요가 없다.

걷기

걷는 사이클 생성은 블렌드 트리를 활용한다.

새로운 **Blend Tree**를 생성하고 Locomotion으로 이름을 바꾼다.

이 **Blend Tree**를 제어하려면 두 개의 매개변수 **ZSpeed**와 **XSpeed**가 필요하다. 매개변수 중 하나는 방향성이지만(ZSpeed), 다른 하나는 캐릭터의 회전을 제어하므로 (XSpeed) **2D Freeform Cartesian** 블렌드 타입이 논리적인 선택이다.

Motion 필드에는 다음 다섯 개의 애니메이션 클립이 필요하다.

1. Idle_Neutral_1
2. WalkFWD
3. WalkFWD
4. SprintForwardTurnRight_NtrlWide
5. SprintForwardTurnRight_NtrlWide

두 개의 걷는 애니메이션 클립이 있어 실수처럼 보이겠지만, 같은 클립을 두 번 쓸 것이므로 실수가 아니다. 애니메이션 속도를 변경해 앞뒤로 걷도록 할 것이다. 전방으로 움직이면서 방향을 바꾸는 데 동일한 애니메이션을 활용하려면, 둘 중 하나는 미러 체크박스를 체크해 좌우를 뒤집으면 된다.

매개변수 값은 다음 그림을 참고하자.

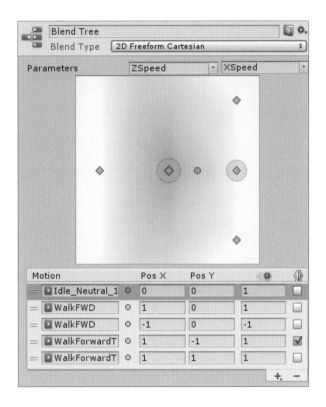

걷기는 W, A, S, D 키로 맵핑된다. 지금 바로 테스트해보자.

몇 가지 이슈를 피하려면 애니메이션에 일부 변경을 적용해야 한다.

Idle_Neutral_1과 WalkFWD는 다음 박스들을 체크하자.

1. Loop Time

2. Loop Pose

3. Root Transform Rotation 하위의 Bake Into Pose

첫 번째 두 개는 예상한 대로 아이들idle 애니메이션을 계속해서 반복하기 위한 것이다. 마지막 체크박스는 캐릭터가 이 애니메이션을 플레이하는 동안 카메라가 흔들리는 일이 없게끔, 애니메이션에서 이뤄지는 회전이 게임오브젝트들의 변형에 영향을 미치지 않도록 해주는 것이다.

WalkForwardTurnRight_NtrlWide는 다음과 같이 한다.

1. Loop Time과 Loop Pose를 체크해야 한다.

2. Cycle Offset은 0.5로 설정해 부드럽게 반복되도록 한다.

3. Start와 End는 각각 16과 362로 설정해야 한다.

모션 캡처^{mocap} 데이터를 이용하기 때문에 애니메이션의 모션은 많이 있으므로 적절한 루핑을 생성할 필요가 없다. Start와 End 매개변수는 루핑에 가장 좋은 결과를 낼 특정한 지역을 격리할 수 있게 해준다.

방향 전환

애니메이션의 방향을 전환하기 위해 Idle_NeutralTO45IdleTONeutralIdle 클립의 일부를 떼어 새로운 클립을 만들고 이를 애니메이션 설정의 Clips 목록에서 Idle_To_Right로 이름 붙인다. 새로운 클립은 Loop Time과 Loop Pose를 체크하고 280에서 시작해 315에서 끝낸다.

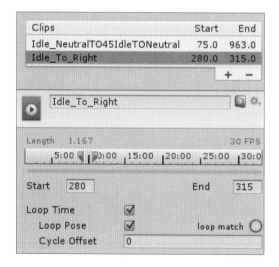

두 개의 Idle_To_Right 클립들은 다음 그림처럼 매개변수들이 분포한 Locomotion 블렌드 트리에 추가될 것이다. WalkFWD와 WalkForwardTurnRight_NtrlWide 애니메이션의 작은 차이를 제거하기 위해 후자의 속도를 1.1로 올릴 것이다(원래는 1).

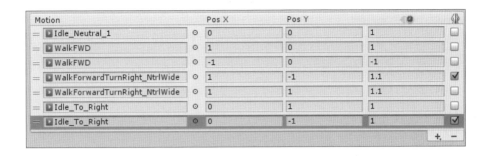

Motion		Pos X	Pos Y		
= ▶ Idle_Neutral_1	◎	0	0	1	☐
= ▶ WalkFWD	◎	1	0	1	☐
= ▶ WalkFWD	◎	-1	0	-1	☐
= ▶ WalkForwardTurnRight_NtrlWide	◎	1	-1	1.1	☑
= ▶ WalkForwardTurnRight_NtrlWide	◎	1	1	1.1	☐
= ▶ Idle_To_Right	◎	0	1	1	☐
= ▶ Idle_To_Right	◎	0	-1	1	☑
				+	−

우리의 Locomotion 블렌드 트리가 완성됐다. 이제 좌우 이동을 만들어보자.

평행 이동

오른쪽과 왼쪽으로 평행 이동하는 두 개의 애니메이션이 있고, **XSpeed**와 **Strafing** 불bool로 컨트롤돼 키보드의 Q나 E 키를 누르면 활성화된다. 이제 하위 상태 기계sub-state machine를 소개할 때다.

하위 상태 기계

하위 상태는 본질적으로 또 다른 상태를 담고 있는 그릇이며, 여러 상태 기계를 그룹화해 공간과 가독성을 개선해준다.

하위 상태 기계는 비어있는 상태를 만드는 것과 똑같은 방법으로 만든다.

1. 애니메이터 창에서 빈 공간을 우클릭한다.

2. 드롭다운 메뉴에서 **Create Sub-State Machine**을 선택한다.

3. 하위 상태 기계를 Strafe라고 이름 붙인다.

하위 상태 기계를 생성했으면 이제 더블 클릭으로 들어갈 수 있다. 하위 상태 기계 내부의 환경은 상태 기계 내부와 정확히 똑같이 작동하므로, 안전하게 새로운 상태, 블렌드 트리, 내부에 더 많은 하위 상태까지 만들 수 있다. 실제로 두 개의 상태를 생성해 오른쪽과 왼쪽으로 평행 이동하는 right_strafe_walking과 left_strafe_walking을 표현해보자.

평행 이동 클립 수정

달리는 애니메이션과 마찬가지로 기존 애니메이션의 일부가 필요하며, 그것으로부터 새로운 클립을 만들어야 한다. 그러기 위해 Strafe_90HipsLeftFaceFwd를 이용한다.

1. Strafe_Right라는 새로운 클립을 생성하자.

2. Start는 90, End는 120으로 설정한다.

3. Loop Time과 Loop Pose를 체크한다.

4. Root Transform Rotation의 Bake Into Pose를 체크한다.

5. Root Transform Rotation의 Offset을 -20.8로 설정한다.

오프셋을 변경하는 이유는 이 애니메이션이 어느 정도 반복 가능하기 때문이다. 지금으로서는 애니메이션시키면 로봇의 애니메이션 시작과 끝이 달라지게 된다. 오프셋은 클립의 시작과 끝을 좀 더 잘 맞춰줄 것이다.

하위 상태로의 전환

궁금해할 독자를 위해 하위 상태는 한 상태에서 다른 상태로의 해석을 간섭하지 않는다. 모든 하위 상태에 존재하는 (Up) Base Layer 블록은 선택된 상태에 분배된 전환라인이 있기에, 드롭다운 메뉴에서 일반적으로 하는 전환을 생성하고 연결하고자 하는 전환을 선택해 하위 상태 외의 어떤 상태로 전환하거나 블렌드 트리를 생성할 수 있다.

이 점을 염두에 두고, Strafe 상태로의 전환을 생성해보자.

1. Locomotion에서 right_strafe_walking으로 전환을 생성한다. Strafing 불이 참이고 ZSpeed가 0.1보다 큼으로써 제어된다.

2. Strafe 불이 false임으로써 제어되는 right_strafe_walking에서 Locomotion으로의 전환을 생성한다.

3. ZSpeed가 -0.1보다 작다는 것만 다르게 하며, 위와 똑같이 left_strafe_walking 도 생성한다.

4. 네 개의 전환 모두에 Has Exit Time 박스를 체크 해제한다.

5. Strafe_Right 애니메이션 클립을 두 평행 이동 상태 모두에 배정한다.

6. left_strafe_walking 상태에는 Mirror가 반드시 체크돼야 한다.

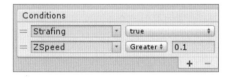

마지막으로 우리의 캐릭터를 뒤에서 따라오는 카메라의 스크립트를 추가한다.

1. Chapter 6 폴더에서 CameraFollow.js를 찾는다.

2. 계층 창에서 MainCamera 게임오브젝트에 추가한다.

3. 씬에서 로봇 게임오브젝트를 스크립트의 Char Obj 매개변수로 끌어다 놓는다.

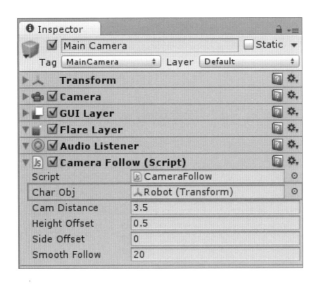

다른 매개변수들은 원하는 대로 조정하면 된다.

이 정도면 애니메이터 컨트롤러를 이용해 걷기, 방향 바꾸기, 평행 이동을 최소한의 스크립팅으로 관리할 수 있다.

요약

이제 유니티 5의 메카님 애니메이션에 대한 소개가 끝났다. 지금까지 기본 기능, 모션 사이클을 처음부터 구성하기, 이미 있는 애니메이션 클립과 캐릭터 리그를 기반으로 하는 또 다른 접근법을 살펴봤다. 하지만 이 툴에 정말 흥미가 있어서 모든 기능을 활용하고 싶다면 아직 배울 것이 많다. 메카님이 대부분의 작업을 처리해주긴 하지만, 프로그래밍은 매개변수를 설정하고 IK 같은 더 고급 기능을 지원하는 데 필수적이므로 코드를 직접 담당하고 있지 않다면 프로그래머들과 지속적으로 커뮤니케이션해야만 한다.

다음 장에서는 유니티에서 레벨을 반짝거리게(말 그대로다.) 만들어주는 다른 기능들을 살펴보고, 튜토리얼과 논의를 통해 최선의 접근법을 알아본다.

7
월드 라이팅

레벨에 가장 큰 영향을 미치는 측면을 단 하나만 꼽는다면 라이팅lighting이 될 것이다. 라이팅은 무드를 조성하고, 플레이어들을 안내하며, 칠흑 같은 환경 속에서 사물을 볼 수 있게 해준다. 라이팅 작업은 실제 세계의 모습을 흉내 내는 것처럼 쉬운 일이 아니다. 이 과정에서는 수많은 교묘한 트릭과 최적화 기술, 라이팅이 실제 세계에서 어떻게 작용하고 렌더링 엔진 속에서 어떤 일이 일어나는지 이해해야 한다.

이 장에서는 다음 주제를 다룬다.

* 라이트 타입, 그 기능과 적용
* 글로벌 일루미네이션Global Illumination
* 동적이거나 정적인 오브젝트에 미치는 라이트의 영향
* 그림자
* 발광 매터리얼Emissive material
* 라이트맵 베이킹
* 라이트 프로빙Light probing
* 리플렉션 프로브Reflection probe
* 프로젝터
* 라이트 쿠키
* 후광halo과 렌즈

이 주제들을 세세히 다루려면 책 한 권으로도 모자라며, 입문서의 범위를 훌쩍 뛰어넘는다. 따라서 여기서는 그 대신에 유니티의 라이팅 시스템을 구성하는 컴포넌트들을 살펴보며, 최종 결과물의 다양한 설정과 조건에 어떤 영향을 미치는지 논의하고, 자주 발생하는 이슈에 대한 해결책을 짚어보고, 레벨에서 라이팅을 최적화하는 흥미로운 기법들을 알아보자.

이 장이 끝날 쯤에는 유니티의 라이트를 이용하고, 라이트를 라이트맵에 베이크[bake]하고, 그림자를 설정하고, 라이트와 리플렉션 프로브, 프로젝터를 설정하고, 플레어 렌즈와 라이트 쿠키를 이용할 수 있게 될 것이다.

라이트 컴포넌트

라이트[light]란 무엇인가? 일반적인 대답은 눈에 보이는 전자기 방사선일 것이다. 하지만 유니티에서 라이트는 영향받는 오브젝트들의 밝기를 변경해서 눈에 보이게 해주는 컴포넌트를 일컫는다. **Add Component ➤ Rendering ➤ Light**로 가면 아무 게임오브젝트에나 라이트 컴포넌트를 추가할 수 있지만, 이 방법은 매우 드물게 이용된다는 점을 밝혀둔다. 대부분은 상단 메뉴의 **GameObject ➤ Light**로 가서 씬에 비어있는 별도의 게임오브젝트로 라이트를 추가하게 될 것이다.

비어있지 않은 게임오브젝트에 라이트를 부착하면 가장 불편한 점은 바로 이런 오브젝트에 라이트의 위치와 회전이 묶여서 콜라이더처럼 유연하게 제어할 수 없다는 것이다.

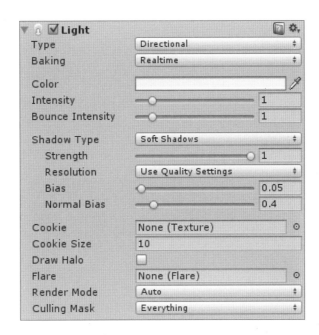

다양한 라이트 타입이 있지만, 대부분은 여러 매개변수가 공통된다.

- Type: 라이트 유형을 선택하게 해준다.
- Color: 라이트에 의해 발산되는 색상이다.
- Intensity: 라이트의 밝기를 제어한다.
- Shadow Type: 오브젝트에 라이트를 비출 때 드리워지는 그림자의 종류를 결정한다. 선택할 수 있는 옵션에는 Hard Shadows, Soft Shadows, No Shadows가 있다.

매개변수의 수는 다루는 라이트의 종류에 따라 다르다.

라이트 유형

유니티에는 이미 다른 애플리케이션을 통해 친숙해진 네 가지 종류의 라이트가 있다. 바로 Directional, Spot, Point, Area 라이트다. 아티스트들이 다양한 상황에서 사용할 여러 종류의 연필을 챙겨두듯이, 라이트는 환경을 밝히고 무드를 만들어낼 브러시 같은 역할을 한다.

포인트 라이트

포인트 라이트^{Point light}는 가장 기본적인 라이트 타입으로 대부분의 경우 이 라이트를 사용하게 될 것이다. 어떤 면에서 포인트 라이트는 특정 반경 내에서 빛을 발산하는 빛나는 점이라고도 할 수 있다. 포인트 라이트의 사용법은 매우 다양하다. 촛불이나 인공조명으로 밝혀진 영역처럼 사실적인 조명을 시뮬레이션하는 데 이용할 수도 있고, 주워야 하는 레벨 안의 중요한 오브젝트를 밝히는 데 사용할 수도 있다.

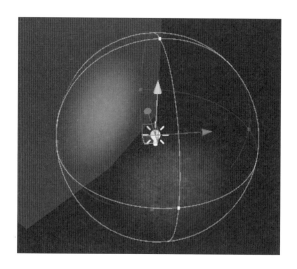

포인트 라이트의 위치는 매우 중요하지만, 동일한 곳에서 모든 방향으로 빛을 발산하기 때문에 회전은 그리 중요하지 않다.

포인트 라이트는 단일 유니크 매개변수인 Range(범위)에 의해 제어되는데, 이것은 효과 범위^{area of effect}와 발산 반경을 제어한다.

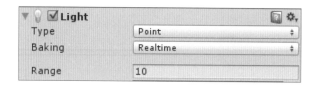

구체 반경 외부에 있는 어떤 오브젝트에도 라이트는 영향을 주지 않기 때문에 범위를 매우 주의해서 다뤄야 한다. 또한 라이트 강도는 원천에서 멀어질수록 희미해져서 구체의 경계선에서는 0이 된다.

스포트 라이트

이 라이트는 원뿔 상단(광원)에서 하단으로 빛을 비추는 원뿔형으로 표시된다.

이 라이트는 플래시 불빛, 프로젝터, 가로등처럼 통제된 거리에서 특정 방향으로 빛을 비춰야 할 때 가장 흔히 사용된다.

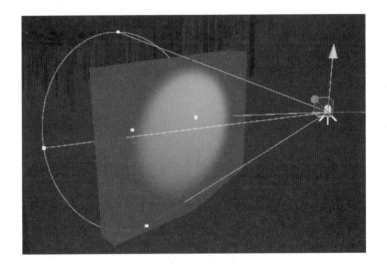

포인트 라이트처럼 변형의 근원이 광원 역할을 하지만, 스포트 라이트Spot light는 원뿔형으로 제한되므로 회전 매개변수의 혜택을 최대화해야 한다.

스포트 라이트는 인스펙터 창에서 볼 수 있는 두 개 유니크 매개변수의 제어를 받는다.

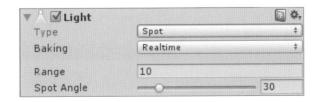

Range는 원뿔의 높이와 빛이 얼마나 멀리 비추는지를 제어한다. Spot Angle은 바닥면의 반경을 조절해서 더 넓은 영역을 비추게 해준다.

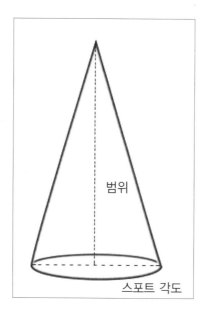

범위

스포트 각도

 라이트를 조작할 때는 Scale 툴이 반응하지 않으므로 이를 사용하려 해서는 안 된다. 대신 마우스 왼쪽 버튼을 누른 채로 끌어가서 수동으로 스케일을 조절할 수 있으므로 바닥면의 점들을 이용할 수 있다.

스포트 라이트의 밝기는 범위 내에서 일정한 것이 아니라 원뿔 바닥면에서 광원으로부터 멀어질수록 희미해져서 0이 된다. 결과적으로, 때로 Intensity 대신 Range 크기를 조절해 라이트의 밝기를 키울 수 있다. 라이트는 원뿔 밖의 오브젝트에는 직접적인 영향을 주지 않는다.

방향성 라이트

이 라이트는 무한대에서 무한대로 빛난다. 즉 기본적으로 광원이 라이트의 위치에서 오는 것이 아니라 씬 밖 아주 먼 곳에서 온다는 뜻이다. 그렇기 때문에 공간에서 라이트의 위치는 아무 상관이 없다(하지만 언제든 광원을 찾을 수는 있어야 한다). 반면 라이트의 회전은 정확한 각도로 빛이 나도록 하는 데 결정적인 역할을 한다. 주로 햇빛과 달빛을 표현하는 데 이용된다.

또 하나 흥미로운 것은 방향성 라이트^{Directional light}에는 시작과 끝이 없기 때문에 그 밝기는 광원 위치와의 거리에 비례해 어두워지지 않는다는 점이다.

영역 라이트

영역 라이트^{Area Light}는 향하고 있는 방향의 표면 전체에서 발산되는 빛이다. 영역 라이트를 당장 테스트해본다면, 어떤 오브젝트에도 영향을 미치지 않는다는 점을 발견할 것이다. 이는 다른 종류의 라이트와는 달리 프로세싱 요건이 집약적이어서 실시간 지원이 아니라 베이크된 라이트로만 활용할 수 있기 때문이다. 그렇기 때문에 런타임으로 오브젝트에 영향을 주지 못한다. 따라서 캐릭터가 영역 라이트를 지나가더라도 외부적 도움 없이는 이 라이트에 영향받지 않는다. 이 라이트를 제대로 작동시키고 라이트를 베이킹하는 과정은 이 장 후반에서 다루겠다. 컴퓨터 화면, TV, 디지털 광고판 등의 표면에서 발산되는 빛에만 이 라이트를 활용한다.

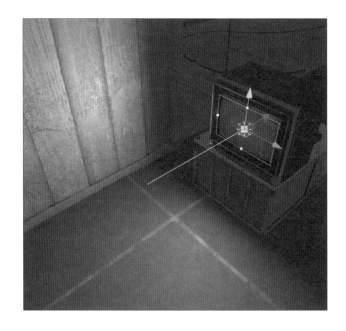

위의 스크린샷에서 볼 수 있듯, 영역 라이트가 모든 방향으로 발산돼 벽, 바닥, 180도 범위 내를 모두 비추고 있지만 TV 화면의 반대편은 어둡다.

영역 라이트는 매개변수가 몇 개 안 되지만, 두 가지 독특한 것이 있다. 바로 직사각형의 크기를 조절할 수 있게 해주는 Width와 Height다.

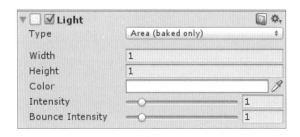

영역 라이트가 비추는 거리를 조절할 단 한 가지 방법은 스포트 라이트와는 반대로 Intensity뿐이다. 얼마나 멀리까지 닿을지는 조절할 수 없다.

앰비언트 라이트

씬 창과 계층 창에서 볼 수 있는 라이트 외에도, 모든 것에 영향을 주지만 어디에 있는지 알기 쉽지 않은 라이트가 하나 있다. 씬에 아무 라이트도 없는데 칠흑같이 어둡지 않은 이유는 모든 씬에는 디폴트 앰비언트 라이트^{ambient light}가 있기 때문이며, 이 라이트는 Window ➤ Lighting으로 가면 조작할 수 있다.

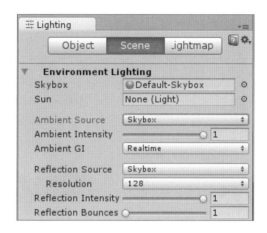

이 창은 우리 레벨의 Skybox를 설정할 때 이미 이용해봤다. 여기에는 씬에서 앰비언트 라이트에 영향을 미치는 세 개의 매개변수가 있다.

1. Ambient Source: 앰비언트 라이트의 세 가지 원천 중 하나를 선택하게 해준다.
   - Skybox: 디폴트 옵션으로 배정된 스카이박스의 색상을 앰비언트 라이트에 사용하는데, 이로써 외부 환경에 사실적인 분위기가 조성된다.
   - Gradient: 수동으로 Sky Color, Equator Color, Ground Color 세 개 매개변수의 색상을 명시할 수 있게 해줘서 각각 위, 중간, 바닥에서 오브젝트들을 비춰준다.
   - Color: 이전 옵션의 단순화된 버전으로, 한 개의 컬러 매개변수만 사용할 수 있다.

2. Ambient Intensity: 앰비언트 컬러가 레벨에 미치는 영향의 강도를 제어한다.

3. Ambient GI: 앰비언트 라이트를 두 가지 옵션인 Realtime이나 Baked 중에서 선택할 수 있게 해준다. 글로벌 일루미네이션에 대해서는 이후 주제에서 다루겠다.

위와 같이 앰비언트 라이트의 설정은 매우 간단하다. 유니티에서는 Skybox의 컬러를 샘플링하도록 허용하거나 Gradient나 Color 옵션을 통해 수동으로 컬러를 배정할 수 있다.

글로벌 일루미네이션

직사광이든 간접광이든 빛이 잘 비춰진 레벨을 생성하고 싶다면 두 종류의 라이팅을 감안해야 한다.

직사광은 소스로부터 직접 오는 빛이다. 간접광은 다양한 강도의 특정 각도로 영향을 받은 영역에서 튕겨나온 빛에 의해 생성된다. 실제 세계에서는 반사되는 빛의 수가 무한대며, 그렇기에 직접 빛이 비춰지지 않는 어두운 곳에서도 볼 수 있는 것이다. 컴퓨터 소프트웨어에서 실제적인 라이팅을 런타임으로 시뮬레이션하는 다양한 트릭을 구사하는 데는 한계가 있다. 바로 우리가 사용할 수 있는 연산 능력이 무제한이 아니라는 점이다. 간접 조명, 튕겨나오는 빛, 반사, 색 번짐을 시뮬레이션하는 프로세스를 글로벌 일루미네이션^{GI, Global Illumination}이라고 한다.

유니티 5는 게임 업계에서 간접 조명(라디오시티^{radiosity})을 처리하는 선도적인 기술을 지니고 있다. 바로 기하학적 라이팅^{Enlighten by Geomerics}이다. 〈배틀필드^{Battlefield} 3-4〉, 〈메달 오브 아너: 워파이터^{Medal of Honor: Warfighter}〉, 〈니드 포 스피드: 더 런^{Need for Speed the Run}〉, 〈드래곤 에이지: 인퀴지션^{Dragon Age: Inquisition}〉은 이 기술의 성능을 잘 보여줬으며, 이제 이 기술을 무료로 직접 활용할 수 있다! 그럼 이 새로운 괴물을 어떻게 길들일지 배워보자.

환경 준비

이미 언급했듯이, 우리의 레벨에 실시간으로 사실적인 라이팅을 적용하는 것은 컴퓨터의 한계로 인해 가능하지 않다. 따라서 가능한 한 사실에 가깝게 만들어주는 요령을 생각해내야 한다. 하지만 적절히 적용해 플레이어들에게 눈속임을 숨기려면 몇 가지 조건이 부합해야만 한다. 이런 한계 내에서 어떻게 작업해야 하는지 보여주기 위해, 작은 내부 씬에 단순한 라이트를 설정한 후 진행하면서 부딪히는 문제들에 대하 해결책을 설명한다.

다음 예제에서는 Chapter 7 폴더에 있는 LightmappingInterior 씬을 프로젝트 창에서 사용할 것이다. 매우 단순한 내부 환경이라서 금방 설정할 수 있다.

첫 번째 단계는 라이트 배치다. 이 예제에서는 돔의 갈라진 틈으로 들어오는 달빛을 표현할 방향성 라이트와 천장 쪽 잔에서 타고 있는 불에서 나오는 포인트 라이트, 이렇게 두 가지를 만들어야 한다.

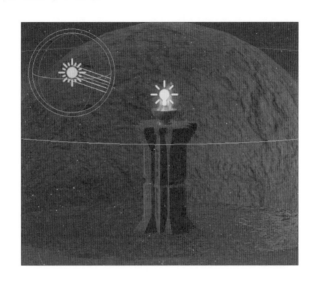

라이트의 Intensity, Range(포인트 라이트의 경우), Color를 원하는 대로 조정하자.

여기까진 좋다! 이제 달빛이 들어오는 방향성 라이팅을 볼 수 있지만, 간접 조명의 흔적은 없을 것이다. 왜 이렇게 될까? GI가 작용하려면 어떻게든 활성화돼야 하는 걸까? 사실은 간접 조명이 있으며 글로벌 일루미네이션의 첫 번째 한계로, 즉 Static이라고 표시된 게임오브젝트에만 작용하기 때문에 보이지 않는 것이다.

정적 오브젝트 vs. 동적 오브젝트

유니티의 오브젝트는 정적이거나 동적이다. 둘의 차이는 아주 간단한데, 정적 오브젝트는 움직이지 않고 언제나 그 자리에 있으며, 애니메이션이 재생되지도 않고 어떤 종류의 상호작용도 일으키지 않는다. 그 외의 오브젝트들은 동적이다.

디폴트로 유니티의 모든 오브젝트는 동적이며, 인스펙터 창에서 Static 체크박스를 체크해야만 정적 요소로 변환된다.

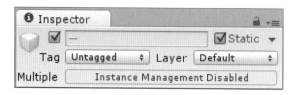

직접 확인해보자. 유니티에서 오브젝트를 정적으로 표시한 다음 Play 모드에서 이리 저리 움직이려 해보자. 잘되는가?

글로벌 일루미네이션은 정적인 오브젝트에서만 작용한다. 즉 '재생'(바로 위의 재생 모드처럼) 모드로 들어가기 전에 간접 조명을 받고 내보내는 오브젝트들이 지정된 위치에서 계속 이를 처리할 것이 100퍼센트 확실해야 한다. 하지만 실시간 GI$^{Realtime GI}$의 목적이 런타임으로 간접 조명을 계산하기 위한 것 아니냐고 반문할 수 있다. 그 답은 '어느 정도까지만 유효하다.'이다. 유니티 개발자에 의하면, 미리 연산된 실시간 GI라는 기술이 탄생한 배경은 라이트가 만들 수 있는 가능한 모든 반사를 미리 계산해 사용자가 실시간으로 사용할 수 있도록 인코딩하는 것이다. 그래서 기본적으로 정적 오브젝트와 라이트를 가지고 다음과 같은 질문을 하게 되는 것이다. "이 라이트가 움직이게 될 텐데, 영향받는 정적 오브젝트의 표면에서 가능한 모든 각도로 어떻게 튕겨나갈 것인가?"

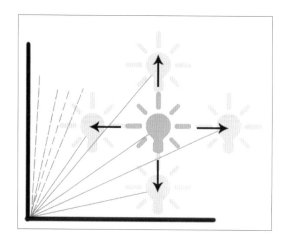

런타임에서는 라이트가 매 프레임 계산되는 것이 아니라, 이 인코딩된 데이터를 지침으로 라이트가 어떻게 팅겨야 하는지 보여준다.

 정적인 오브젝트를 유지하면 길 찾기(pathfinding)처럼 많은 면에서 혜택이 있지만, 이 이야기는 다음 기회에 한다.

이 이론을 테스트하려면 씬에 있는 오브젝트들을 Static으로 표시해서 물리 법칙, 코드, 심지어는 변형 툴(변형 툴은 Play 모드에서만 가능하다.)에 의해 움직이지 않도록(움직임을 강제할 수도 없도록) 하자. 이렇게 하려면 계층 창에 있는 Pillar, Dome, WaterProNighttime, Goblet 게임오브젝트를 선택해 인스펙터 창 상단 오른쪽 구석에 있는 Static 체크박스를 체크하기만 하면 된다.

그러면 유니티는 라이트와 팅김 정보 인코드를 다시 계산하게 된다. 프로세스가 끝나고 나면(거의 시간이 걸리지 않는다.) Play 버튼을 눌러 라이트를 이리저리 움직일 수 있다. 바운스 라이팅은 성능 오버헤드를 발생시키지 않으면서 변하는 것을 알 수 있다.

틈새에서 들어오는 라이트 수정

다음 주제로 가기 전에 빠른 수정을 활용할 수 있는 간단한 이슈가 있다.

돔 안의 달빛은 표면의 틈새에서 들어와야 하지만, 방향성 라이트를 회전해보면 콘크리트 벽들을 무시하고 자유롭게 통과하는 것을 알 수 있다. 이는 당연히 부정확한 행동 양식이며 그냥 둬선 안 된다.

이전 장의 애셋 임포트 과정에서 논의했던 단면 노멀의 결과, 돔은 밖에서 관통해 볼 수 있다. 이전의 해결책은 면들을 복제해 노멀을 뒤집는 것이었지만, 이 경우에는 벽을 통과해 볼 수 있다는 점을 신경 쓰지 말고 라이팅 이슈만 해결하면 된다. 이를 수정하려면 Dome 게임오브젝트의 Mesh Render 컴포넌트로 가서 Cast Shadows 매개변수의 드롭다운 메뉴에서 Two Sided 옵션을 선택한다.

그러면 뒷면 컬링backface culling을 무시하고 메시의 양쪽에서 그림자가 드리워지게 할 수 있어 문제가 해결된다. 그림자를 드리우려면, 방향성 라이트에 Hard Shadows나 Soft Shadows 중 하나를 Shadow Type 매개변수로 설정해야 한다.

발광 매터리얼

레벨을 밝히는 또 한 가지 방법은 Emission 맵이 있는 매터리얼을 활용하는 것이다.

Pillar 게임오브젝트에 적용된 Pillar_EmissionMaterial에는 이미 Emission 맵이 배정돼 있기 때문에, 남은 작업은 눈에 띄는 효과가 될 때까지 그 옆에 있는 매개변수들을 올리는 것뿐이다(3이라고 해보자).

그렇지만 발광 매터리얼은 라이트가 아니라 미리 계산된 GI로, 발광 매터리얼에 의해
간접 라이트 바운스를 업데이트해주지는 않는다. 따라서 Play 모드에서 매터리얼을
바꾼다 해도 업데이트되지는 않는다.

 Play 모드에서 처리한 변경은 에디터에 보존된다.

그림자

라이팅의 중요한 부산물은 영향받은 오브젝트에 의해 드리워지는 그림자다. 놀라울
것은 없다! 유니티는 동적과 정적 오브젝트 모두에서 그림자가 드리워지도록 하며,
렌더링 세팅에 따라 다양한 결과가 나오게 된다.

디폴트로 유니티의 모든 라이트에서는 그림자가 해제돼 있다. 특정한 빛에서 그림
자를 활성화하려면 인스펙터 창에서 Shadow Type 매개변수를 Hard Shadows나 Soft
Shadows로 수정해야 한다.

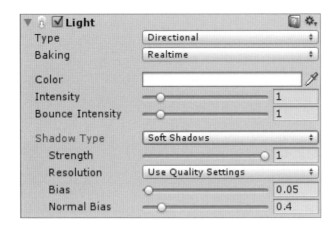

그림자를 활성화하면 세 개의 매개변수에 액세스할 수 있게 된다.

- **Strength**: 그림자의 농도로, 0에서 1까지 있다.
- **Resolution**: 그림자의 해상도를 제어한다. 이 매개변수는 Use Quality Settings에서 값을 설정하거나 드롭다운 메뉴에서 개별적으로 선택해 활용할 수 있다.
- **Bias**와 **Normal Bias**: 그림자 오프셋이다. 이 매개변수들은 섀도우 아크네[Shadow Acne](빛이 비춰진 영역에서 그림자가 픽셀화되는 것)라고 알려져 있는 인공적 결함을 방지하는 데 사용된다. 하지만 너무 높게 설정하면 피터 패닝[Peter Panning](그림자 연결이 끊어지는 것)이라는 또 다른 인공적 결함을 유발할 수 있다. 디폴트 값은 보통 이 두 이슈를 모두 피할 수 있게 해준다.

유니티는 섀도우 맵핑[Shadow Mapping]이라는 기술을 이용하는데, 빛의 관점을 가정해 어떤 오브젝트가 비춰지는지 결정함으로써 빛이 직접 닿는 모든 오브젝트가 비춰지도록 한다. 빛이 닿지 못하는 오브젝트들은 그림자 속에 있게 된다. 빛의 관점을 렌더링하고 나면 유니티에서 섀도우 맵으로 처리될 모든 표면의 심도를 저장한다. 섀도우 맵의 해상도가 낮을 경우에는 없어야 할 픽셀에서 일부 음영이 지게 되거나(섀도우 아크네), 오프셋이 너무 높으면 그림자가 있어야 할 곳에 그림자가 없어지는(피터 패닝) 현상이 발생한다.

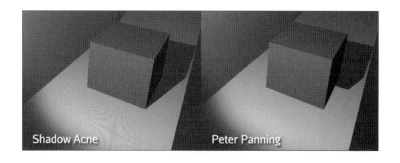

Shadow Acne   Peter Panning

유니티는 게임오브젝트의 Rendering Mesh 컴포넌트에서 Cast Shadows와 Receive Shadows 매개변수를 변경함으로써 그림자를 받거나 드리우는 오브젝트를 제어하게 해준다.

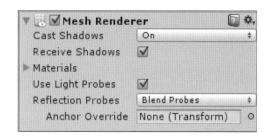

라이트맵핑

매년 점점 더 많은 게임이 현대식 PC와 콘솔의 커져만 가는 연산 능력을 이용해 더욱 사실적인 환경을 실시간으로 렌더링해주는 솔루션을 탑재하고 출시된다. 하지만 모바일 플랫폼의 하드웨어 성능 제약으로 인해, 라이트맵핑 같은 기술을 저렴하고 수용 가능한 가격으로 활용할 날은 아직 멀었다.

라이트맵핑은 베이킹이라고도 불리는데, 표면의 밝기를 미리 계산해 라이트맵이라는 별도의 텍스처에 저장하는 기술이다. 어떤 영역의 라이팅을 보기 위해서는 최소한 초당 30회의 연산이 필요하다(fps 요건에 따라 이보다 높을 수도 있다). 이는 상당한 용량을 차지하게 되지만, 라이트맵핑을 통해 한 번에 라이팅을 계산해 텍스처에 적용할 수 있다. 이 기술은 아티스트들이 절대 움직이지 않는다는 것을 아는 정적 오브젝트에 적합하며, 간단명료하게 말하면 이 과정은 씬 생성, 라이팅 리그 설정, 베이크^{Bake} 클릭으로 런타임 동안 최소한의 성능으로 훌륭한 라이팅을 얻는 것이다.

라이트맵핑 프로세스를 보여주기 위해, 이전 씬을 가져와서 라이트맵핑을 통해 베이크해본다.

정적 vs. 동적 라이트

게임오브젝트가 움직이지 않도록 보장하는 방법에 대해서는 방금 이야기했다. 하지만 라이트는 어떻게 할까? 라이트에 Static 체크박스를 체크한다고 해도 특별히 일어나는 일은 없다(단지 실수로 움직이는 일을 완전히 피하려고 하는 것이 아니라면 말이다). 문제는 라이트가 오브젝트의 컴포넌트이므로, 라이트를 담고 있는 것이 정적으로 설정돼 있더라도 별도의 컨트롤로 조작할 수 있다는 점이다. 그래서 각 라이트에는 각라이트의 역할을 구체화하고 베이킹 프로세스에서 어떤 역할을 하는지 명시하는 매개변수가 있는데, 이것이 Baking이다.

베이킹에는 세 가지 옵션이 있다.

- Realtime: 이 옵션은 특정 라이트를 베이킹 과정에서 제외되도록 한다. 실시간 라이팅을 써도 아무 문제는 없다. 미리 연산된 GI가 현대의 컴퓨터와 콘솔에서 상당히 부드럽게 처리되도록 해준다. 하지만 안정적인 프레임 레이트로 구동되게끔할 수 있는 모든 최적화를 동원해야 하는 모바일 플랫폼을 개발하고 있다면 문제가 될 수 있다. 실시간 라이팅을 좀 더 부담 없는 옵션으로 흉내 낼 방법들이 있으며, 이 방법들은 후에 논의한다. 단 하나 고려해야 할 점은, 최적화를 위해 실시간 라이트의 개수를 최소한으로 유지해야 한다는 것이다. 실시간은 라이트가 정적 및 동적 오브젝트 모두에 영향을 줄 수 있도록 해준다.

- Baked: 이 옵션은 이 라이트를 베이킹 프로세스에 포함시킨다. 하지만 숨은 문제점도 있는데, 정적인 오브젝트만 라이트를 받게 된다는 것이다. 이는 자명한 일로, 동적 오브젝트가 라이팅을 받게 하고 싶다면 오브젝트의 위치가 바뀔 때마다 계산해야 한다. 이는 실시간 라이팅이 하는 일이기 때문이다. 베이크된 라이트는 성능을 아낄 수 있는 라이팅으로, 한 번 계산해서 모든 라이팅 정보를 하드 드라이브에 저장하면 거기에서 사용하면 되고, 런타임 동안 더 이상의 재계산은 필요 없다. 대부분 동적 오브젝트에 큰 영향을 주지 않는 작은 상황적 라이트에 이용된다.

- Mixed: 이 앞의 두 옵션을 조합한 것이다. 정적 오브젝트와 지나가는 동적 오브젝트에 대한 영향을 베이크한다. 가로등을 떠올려보자. 지나가는 차들은 여기에 영향을 받아야겠지만, 정적 환경에 대해 실시간으로 라이팅을 계산할 필요는 없다. 자연히, 컴퓨터의 성능을 아무리 아끼고 싶다고 해도 레벨에서 이동하는 동적 오브젝트에 빛을 비추지 않도록 할 수는 없다. 믹스 라이트는 정적 오브젝트에 베이크된 라이팅의 혜택을 누리면서도 런타임으로 동적 오브젝트에 영향을 주도록 할 수 있다.

먼저 우리 라이트의 Baking 매개변수를 Realtime에서 Baked로 바꿔서 Soft Shadows를 활성화한다.

큰 차이는 느낄 수 없겠지만, 추가적인 그림자가 나타나는 것을 볼 수 있다.

최종 결과물은 실시간 라이팅과 그다지 다르지 않다. 하지만 성능에는 부담이 훨씬 적은 대신, 동적 오브젝트에 대한 지원은 부족하다.

동적 그림자 vs. 정적 그림자

유니티에서 그림자를 작업하기 시작할 때 가장 헷갈리는 부분은 광원에 대한 다양한 Baking 설정이 있는 정적 및 동적 오브젝트에서 그림자가 어떻게 드리워지는가다. 이것은 단순히 외워서 씬의 라이팅을 기획할 때 염두에 둬야 하는 것이다. 다양한 Baking 옵션들이 다양한 정적 및 동적 오브젝트의 조합에서 어떻게 그림자를 드리우는지 살펴보자.

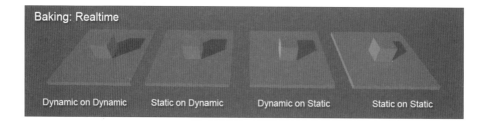

보다시피, 실시간 라이팅은 모든 것을 잘 처리해준다. 모든 오브젝트가 서로에게 그림자를 드리우고 모든 것이 의도한 대로 작동한다. 오른쪽의 두 정적 오브젝트에서는 색 번짐color bleeding까지 일어난다.

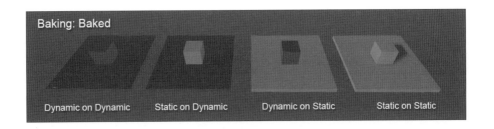

Baked 라이팅의 결과는 그리 멋지지 않다. 하나씩 살펴보자.

동적 오브젝트는 빛이 비춰지지 않으며, 이 점은 이미 설명했다. 오브젝트가 런타임으로 변한다면 라이트맵에 미리 베이크해둘 수 없으므로, Baked로 설정된 라이트는 그냥 이런 오브젝트를 무시한다.

그림자는 정적 오브젝트에서 정적 오브젝트로만 드리워진다. 이전에 말한 대로, 오브젝트가 변할지 확신할 수 없다면 섀도우 맵에 안전하게 그림자를 베이크해 넣을 수 없다.

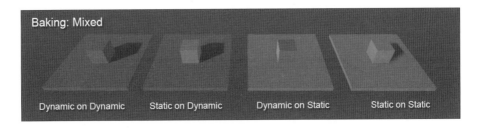

Mixed에서는 한 가지만 빼고는 실시간 라이팅과 비슷한 결과가 나온다. 동적 오브젝트는 정적 오브젝트에 그림자를 드리우지 않지만, 반대로 정적 오브젝트는 동적 오브젝트에 제대로 그림자를 드리운다. 어떻게 이것이 가능할까? 각 오브젝트는 믹스 라이트에 의해 별도로 다뤄진다. 정적 오브젝트는 베이크된 라이트에 의해 비춰지는 것으로 처리되고, 동적 오브젝트는 실시간으로 빛이 비춰진다. 다시 말해, 동적 오브젝트에 그림자를 드리울 때는 실시간으로 계산되고, 정적 오브젝트에 그림자가 드리워질 때는 베이크되며, 변화가 일어날 오브젝트에서 드리워지는 그림자는 베이크할 수 없다. 실시간 라이팅에서는 그림자가 드리워지든 그림자를 드리우든 그림자를 실시간으로 계산하기 때문에 이렇게 되지 않는다. 이 점 역시 외워둬야 한다.

라이팅 옵션

라이팅^{Lighting} 창에는 Object, Scene, Lightmap이라는 세 개의 탭이 있다. 지금은 첫 번째만 집중해서 살펴보자.

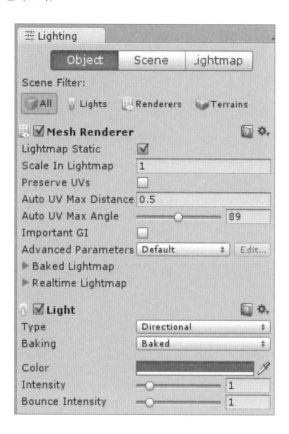

Object 탭의 주된 내용은 현재 선택한 오브젝트에 대한 정보다. 이를 통해 컨트롤 목록에 빠르게 액세스해 라이트맵핑과 GI를 위해 선택한 오브젝트들을 더 잘 조정할 수 있다.

상단 Scene Filter를 통해 오브젝트 타입을 전환할 수 있는데, 계층 창의 오브젝트 필터링으로 곧장 연결된다(선택된 게임오브젝트를 필터링하는 것이 아니라, 계층 창에 있는 모든 것을 필터링한다).

이미 말했듯이, 모든 오브젝트는 라이트맵핑 프로세스에서 영향을 받으려면 Static으로 설정돼야 한다. 그래서 Mesh Renderer 목록의 첫 번째가 Lightmap Static 체크박스인 것이다. 인스펙터 창에서 오브젝트를 정적으로 설정하지 않았다면, Lightmap Static 박스를 체크하면 된다.

Scale in Lightmap 매개변수는 라이트맵의 해상도를 제어한다. 값이 클수록 오브젝트의 라이트맵 해상도가 높아져 라이팅 효과와 그림자가 더 나아진다. 이 매개변수를 0으로 맞추면 오브젝트가 라이트맵핑에 전혀 영향을 받지 않게 된다. 오브젝트에 생긴 라이팅 결함을 수정하거나 최적화하려는 것이 아니라면 이 매개변수를 건드려서는 안 된다. 씬에 있는 모든 오브젝트의 라이트맵 해상도를 조절하려면 Scale In Lightmap을 글로벌 값에 맞춰 조정하는 편이 훨씬 낫다.

나머지 매개변수들은 상황에 따라서만 쓰이며 상당한 고급 기능으로서 UV 처리, 게임오브젝트에 대한 GI 효과 향상, 라이트맵에 대한 상세 정보 등을 알려준다.

라이트에 관련해서는 Realtime, Baked, Mixed라는 세 가지 베이킹 매개변수가 있다. 이 라이트를 라이트맵핑에 사용한다면 당연히 Realtime은 사용해서는 안 되며, Baked나 Mixed를 선택해야 한다.

Color와 Intensity는 인스펙터 창에서 레퍼런스되며 어디에서든 조정할 수 있다.

Baked Shadows는 베이크될 그림자의 종류를 선택할 수 있게 해준다(Hard, Soft, Off).

레벨에 라이트 넣기

라이트에 대해 소개했으니, 이제는 레벨에 추가해볼 차례다. 일반적으로 레벨에 라이팅을 넣을 때는 지배적인 라이트로(보통 방향성 햇빛/달빛) 시작해 그보다 낮은 순서로 넣는 것이 원칙이다. 여러 라이트를 동시에 조절하려 하지 말고, 하나에 집중한 후 만족하면 다음 라이트로 넘어가자. 더 많은 라이트를 추가할수록 컬러가 섞여서, 무엇을 조정해야 원하는 효과가 나올지 알기 어렵게 될 수도 있다.

도전을 즐긴다면 캐릭터가 움직여 들어가지 않을 영역들을 베이크하고, 실력껏 라이팅을 최적화해보는 것도 좋다.

라이트 프로브

실시간 글로벌 일루미네이션은 정적 오브젝트에는 잘 들어맞지만, 동적인 오브젝트에는 어떨까? 미리 연산된 GI는 오브젝트의 위치가 변할 때의 바운스를 계산할 수 없다. 하지만 라이트 프로브^{Light Probe}라는 또 다른 방식을 이용하면 가능하다.

라이트 프로브는 한 영역의 라이트를 샘플링해 근처에 있는 동적 오브젝트에 이전시켜주는 구체다.

라이트 프로브
추가

라이트 프로브를 생성하려면 GameObject ➤ Light Probe Group으로 간다.

이렇게 하면 정육면체 형태로 위치를 잡은 네 개의 서로 연결된 라이트 프로브들이 생긴다.

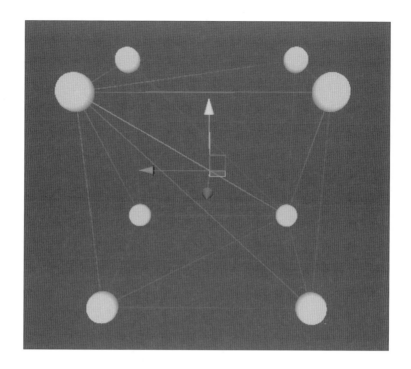

프로브는 씬에서 게임오브젝트를 다루는 것과 똑같은 방식으로 제어한다.

- 클릭해 선택(Shift 키를 누르고 클릭하면 새로운 프로브가 선택된다.)
- Ctrl + D 키로 복사
- Delete 키로 삭제

게임오브젝트가 라이트 프로브의 영향을 받으려면 동적이어야 하며, Mesh Renderer 컴포넌트에서 Use Light Probes가 체크돼 있어야 한다.

라이트 프로브에 대해서는 별다른 추가 설명이 필요 없다. 사용하기가 굉장히 쉬우며 분명한 애플리케이션이므로, 동적인 오브젝트가 지나가리라 예상되는 곳에 둬서 이 오브젝트들에 라이팅이 전이되도록 위치에만 신경 쓰면 된다.

리플렉션 프로브

반사는 오브젝트들이 서로에게 연결돼 있는 것처럼 보이는 그럴듯한 환경을 만드는 데 매우 중요한 요소다. 리플렉션 프로브는 주변 환경을 샘플링해 이 정보를 반사할 오브젝트에 전달한다는 점에서 라이트 프로브와 유사한 방식으로 작동한다.

라이트 프로브와는 달리, 리플렉션 프로브는 정적 및 동적 오브젝트 모두에 유용하다.

리플렉션 프로브를 씬에 놓으면, 주변 환경을 샘플링해서 나중에 오브젝트들이 사용하게 될 큐브맵^{cubemap}을 생성한다. 어떤 리플렉션 프로브가 특정 게임오브젝트에 영향을 주는지에 대한 정보를 찾으려면 Mesh Renderer 컴포넌트를 다시 봐야 한다.

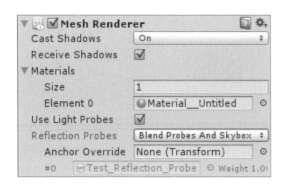

Reflection Probes 매개변수는 이 게임오브젝트가 리플렉션 프로브와 어떻게 작용하는지 결정하며, 네 가지 옵션이 있다.

Off: 이 옵션을 선택하면 리플렉션 프로브가 이 오브젝트에 더 이상 영향을 미치지 않는다.

Simple: 게임오브젝트가 단일 리플렉션 프로브에 의해서만 영향을 받는다.

Blend Probes: 이 옵션은 오브젝트가 여러 리플렉션 프로브에서 영향을 받도록 해준다.

Blend Probes and Skybox: 이전 옵션과 비슷하지만 블렌딩에 스카이박스도 포함한다.

모든 리플렉션 프로브에는 바운딩 박스^{bounding box}가 있고, 이 박스 내에 있는 모든 것이 샘플링에 포함돼 프로브가 배정된다(배정된 프로브는 Mesh Renderer 컴포넌트의 하단에서 볼 수 있다). 때로 리플렉션 프로브 박스가 겹칠 때가 있는데, 이럴 때는 겹치는 부분에 있는 오브젝트에서 Blend Probes나 Blend Probes and Skybox를 Reflection Probes 매개변수로 선택하면 여러 리플렉션 프로브의 반사를 받게 된다. 오브젝트의 대부분을 덮고 있는 리플렉션 프로브는 블렌딩 웨이트가 커진다(이 개념은 이전 장에서 설명한 애니메이션 블렌딩과 유사하다).

바운딩 박스 바깥의 오브젝트들이 리플렉션 프로브의 영향을 받도록 하고 싶으면 Anchor Override 매개변수에 Transform 컴포넌트 레퍼런스를 배정하기만 하면 된다. 이러면 레퍼런스된 오브젝트에서 영향을 받는 리플렉션 프로브에 대한 정보를 가져와서 바운딩 박스 바깥의 오브젝트에도 똑같은 값을 배정한다(블렌딩 정보도 포함된다).

리플렉션 프로브 설정

리플렉션 프로브는 상단 메뉴에서 GameObject ➤ Light ➤ Reflection Probe로 가면 생성할 수 있다.

여기에서는 몇 가지 매개변수들을 사용할 수 있다.

리플렉션 프로브 종류

빛과 그림자처럼 리플렉션 프로브 역시 실시간으로 선택해 베이크하거나, 코드를 통해서나 커스텀 큐브맵에 배정함으로써 컨트롤할 수 있다. Type 매개변수에서는 세 가지 옵션인 Realtime, Baked, Custom 중 하나를 선택할 수 있다.

라이트와는 달리, 리플렉션 프로브는 Realtime과 Baked의 성능 차이가 훨씬 크다. Realtime 옵션을 선택하면 Refresh Mode와 Time Slicing 매개변수가 노출돼 업데이트가 얼마나 자주 일어나며 큐브맵이 어떻게 업데이트돼야 하는지 명시함으로써 더 잘 컨트롤할 수 있게 된다. 하지만 일단 이 두 가지의 차이점과 둘 중 하나를 선택해야 하는 이유에 집중해보자.

다음 스크린샷을 살펴보자.

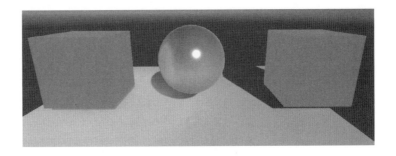

가운데에 있는 구체가 왼쪽에 있는 육면체는 제대로 반사하면서 오른쪽에 있는 육면체는 무시하고 있다. 왜 이렇게 될까? 반사되는 왼쪽의 육면체는 정적인 오브젝트다. 그런데 오른쪽의 육면체는 동적인 오브젝트다. Baked 타입의 리플렉션 프로브로는 런타임으로 반사를 업데이트할 수 없으므로, 반사될 범위를 오가는 동적 오브젝트는 리플렉션 프로브가 환경을 샘플링할 때 무시되는 것이다. 두 육면체가 제대로 반사되려면 Type을 Realtime으로 변경하고 Reflection Mode 매개변수를 Every Frame으로 노출해야 한다.

런타임 설정

이 특정한 프로브의 큐브맵을 이용해 오브젝트에 영향을 주는 설정들은 다음과 같다.

- Importance: 이 매개변수는 Mesh Renderer가 옵션이 있을 때마다 어떤 리플렉션 프로브를 이용할지 선택하도록 도와준다. 거대한 바운딩 박스가 있는 리플렉션 프로브 A가 있고, 이전 바운딩 박스 안의 작은 영역에 영향을 주는 리플렉션 프로브 B가 있다고 하자. 두 리플렉션 프로브의 Importance 매개변수가 똑같다면, 영향을 미치는 영역의 퍼센티지를 기준으로 블렌드될 것이다. 하지만 프로브 B의 Importance 값이 더 높다면 프로브 A의 영향을 완전히 덮어 쓰게 될 것이다.
- Intensity: 이 매개변수는 반사가 얼마나 강한지를 컨트롤한다.
- Box Projection: 디폴트로 반사가 먼 곳에서 오는 것으로 처리된다. 실내 환경에서 대부분 활용되는 Box Projection은 반사에 적절한 심도를 추가할 수 있게 해준다.

Size와 Probe Origin은 프로브의 바운딩 박스를 컨트롤한다. Probe Origin은 프로브의 변화에 비례한다(Box Collider 컴포넌트의 Center 매개변수와 비슷하게 작용한다).

큐브맵 캡처 설정

몇 가지 매개변수를 알아두자.

- Resolution: 큐브맵의 해상도를 설정한다.
- Shadow Distance: 리플렉션 프로브가 그림자를 잡아내는 유니티 유닛 거리다.
- Culling Mask: 오브젝트들을 별도의 레이어에 넣고 Culling Mask 목록에서 체크/체크 해제를 통해 큐브맵 반사에 오브젝트를 포함하거나 뺄 수 있게 해준다.

리플렉션 프로브 위치 선정

리플렉션 프로브의 한 가지 큰 제약은 각각의 오브젝트가 있는 위치에서가 아니라 각 프로브 위치의 리플렉션 샘플에서 반사를 적용한다는 점이다.

반드시 사실적인 반사를 적용해야 한다면 Add Component ➤ Rendering ➤ Reflection Probe로 가서 각각의 오브젝트에 리플렉션 프로브를 컴포넌트로 추가할 수도 있다. 프로브들의 바운딩 박스가 다른 프로브를 포함하지만 않도록 주의하자.

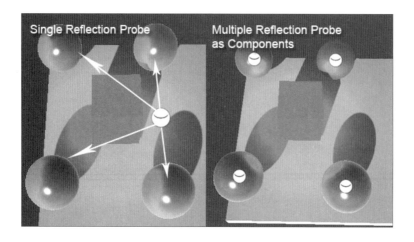

레벨에 있는 모든 게임오브젝트에 리플렉션 프로브를 컴포넌트로 추가하면 성능 문제가 생길 수 있음은 말할 필요도 없다. 그래서 가능한 한 넓은 영역을 처리하는 리플렉션 프로브를 이용한 후 차이점이 눈에 띌 곳들(동굴이나 시각적으로 두드러져야 하는 중요한 오브젝트 옆 등)에 새로운 리플렉션 프로브를 추가하는 것이 가장 좋다.

연속 베이킹

유니티 5에서 라이팅은 씬에서 최종 결과물에 영향을 줄 것들을 모두 변경하고 나면 자동으로 배경에서 프로세스된다. 현대식 컴퓨터에서 놀랍게 빠른 속도로 작동하는 근사하고도 흥미로운 기능이다. 하지만 이렇게 뛰어난 최적화에도 불구하고 라이트보다 연산에 훨씬 오랜 시간이 걸리는 반사를 작업할 때는 특히 성능 저하가 눈에 띈다. 필요할 때만 연산을 진행하게 하려면 다음과 같이 한다.

1. 라이팅 창을 연다(Window > Lighting).

2. Scene 탭 맨 아래에 있는 Continuous Baking 옵션을 체크 해제한다.

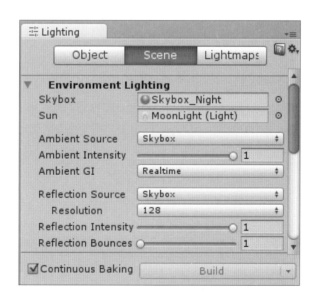

이제 라이팅을 연산해야 할 때는 그 옆의 Build 버튼을 클릭해 원할 때 프로세스를 처리할 수 있다.

Continuous Baking 기능을 해제하고 Build 버튼으로 원할 때마다 빌드하고 싶을 때는 유니티에서 레벨의 라이트맵 스냅샷을 찍어 레벨과 똑같은 이름의 폴더를 생성하고 스냅샷을 저장한다.

레벨에 프로브 추가

이제 간략히 라이트와 리플렉션 프로브를 살펴봤으니 레벨에 추가할 차례다. 캐릭터들이 가볼 여러 장소를 보고 주위의 라이트를 샘플링할 라이트 프로브 망을 추가해보자.

리플렉션 프로브로 가능한 한 넓은 영역을 덮도록 하고, 반사 형태가 눈에 띄게 변하는 곳들에는 새로운 리플렉션 프로브를 추가한다.

모든 프로브를 추적할 수 있게끔 Probes라는 새로운 레이어를 생성해 모든 프로브를 여기에 배정할 것을 추천한다. 이렇게 하면 배치를 마친 다음에는 에디터에서 숨겨둘 수 있다.

프로젝터

유니티에는 창의적으로 활용해 흥미롭고 매우 유용한 결과물을 만들어낼 수 있는 컴포넌트가 정말 많다. 이번에 살펴볼 것은 프로젝터projector다.

프로젝터는 오브젝트에 매터리얼을 영사해 데칼decal, 영화 화면, 심지어 그림자 같은 흥미로운 효과를 만들어낸다. 후자는 개발자들이 광고해서 잘 알려져 있으며, 저렴하게 역동적인 그림자 효과를 이용하려 할 때 아주 유용하다. 컴포넌트 자체를 더 자세히 살펴보면서 흥미로운 용도를 알아본다.

기본 애플리케이션

일반적인 컴포넌트이기 때문에 Projector는 인스펙터 창의 Add Component ➤ Effects ➤ Projector로 가거나 상단 메뉴의 Component ➤ Effects ➤ Projector에서 게임오브젝트에 부착할 수 있다.

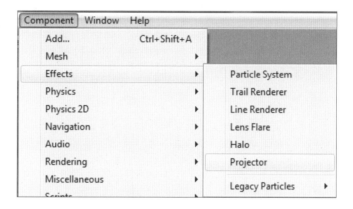

비어있는 게임오브젝트를 생성해 Projector 컴포넌트를 추가하자.

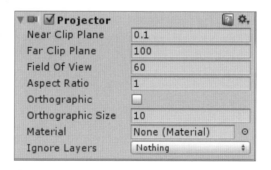

프로젝터를 소스에서 표면으로 이미지를 영사하는 실제 프로젝터처럼 다룬다면 프로젝터 사용이 매우 직관적일 수 있다. 하지만 몇 가지 눈에 띄는 차이가 있는데, 가장 눈에 띄는 것은 닿는 오브젝트에 어떤 방식으로 영향을 미치는가다.

Scale 툴은 프로젝터에는 아무런 영향을 주지 않으므로 효과 영역을 컨트롤하려면 컴포넌트 매개변수를 통해야만 한다.

Near Clip Plane과 Far Clip Plane은 원뿔이 시작해서 끝나는 오브젝트로부터의 거리를 컨트롤해 프로젝션이 얼마나 멀리까지 가고 어디에서 시작할지 설정할 수 있게 해준다.

Field Of View는 원뿔의 너비를 컨트롤하고, Aspect Ratio는 높이에 대한 비례를 설정할 수 있게 해준다(값을 2로 설정하면 높이가 너비의 두 배가 된다).

Orthographic 체크박스를 체크하면 원뿔이 육면체가 돼 육면체의 크기를 컨트롤하는 Orthographic Size 매개변수를 이용할 수 있게 해준다.

매개변수들이 꽤 많지만, 정말 중요한 것은 마지막 두 개다.

Material은 영사될 매터리얼을 설정한다. 무언가를 영사하려 할 때는 서로 다른 매터리얼마다 당연히 다른 결과를 낳게 되므로 Material 속성을 반드시 감안하자.

Ignore Layers는 이 프로젝터에 의해 영향받는 레이어들을 선택할 수 있게 해준다. 추가 레이어들을 명시하지 않으면 효과 영역 안에 있는 모든 것에 텍스처를 영사하므로, 예상치 못한 결과가 나올 수도 있다.

앞의 스크린샷처럼, 프로젝터는 중간에 걸리는 오브젝트들을 통과해 소스에서 목적지로 매터리얼을 드리우는 것이 아니라, 영향받는 영역 안의 모든 오브젝트에 명시된 매터리얼을 적용하고 있다.

기타 애플리케이션

이미 언급했듯, 프로젝터는 창의적으로 사용하면 다용도로 활용할 수 있다. 최대한으로 활용하려면 Standard Aseets에서 제공하는 추가 애셋들이 필요하다.

1. Assets ➤ Import Package ➤ Effects로 간다.
2. Import를 눌러 필요한 애셋들을 Standard Assets ➤ Effects ➤ Projectors로 가져온다.

새로운 패키지를 가지고 Projector 컴포넌트에 이용할 두 개의 새로운 셰이더, ProjectorLight와 ProjectorMultiply에 액세스할 수 있다.

ProjectorLight는 효율적인 라이트 효과를 만들어내고, 때로는 스포트 라이트 대신 활용할 수도 있다. BlobLightProjector 프리팹을 이용해 직접 확인해보자.

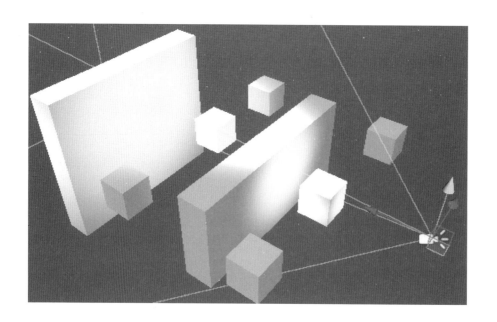

반면 ProjectorMultiply는 인공조명의 그림자를 완벽하게 만들어낼 수 있다. 특히 동적 라이팅을 이용해야만 만들어낼 수 있는 캐릭터 바로 밑에 드리워지는 그림자에 적합하다. BlobShadowProjector를 이용해 **Projector** 컴포넌트의 **Ignore** 목록에 캐릭터 오브젝트 레이어를 추가하면 이 효과가 달성된다.

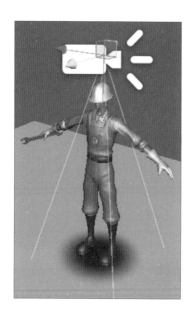

새로운 셰이더 이용의 핵심은 텍스처다.

Projector/Light와 Projector/Multiply 둘 다 두 가지 텍스처 매개변수인 Cookie와 FallOff 가 필요하다.

Cookie는 표면에 영사되는 텍스처다. 생성되는 텍스처를 Wrap Mode에서 Clamp로 변경해야만 제대로 작용한다(잘 모르겠다면 Light와 Shadow 텍스처를 어떻게 설정해야 하는지 참고하자). FallOff는 하강하는 그래디언트를 명시할 수 있게 해주는 선택적 텍스처. Projector/Light에는 Main Color 매개변수가 있어서 모사하고자 하는 빛의 컬러를 설정할 수 있게 해준다.

라이팅 효과

유니티의 라이트는 후광, 쿠키, 플레어 같은 다양한 라이팅 효과를 지원해 다양한 톤이나 빛의 종류를 시뮬레이션할 수 있다. 스탠다드 패키지는 앞으로 사용할 예제를 도와줄 추가 매터리얼들을 담고 있다.

Effects 폴더 안에 있는 애셋들을 이용해 라이트 쿠키와 플레어로 무엇을 할 수 있는지 알아본다.

라이트 쿠키

디폴트 라이팅에는 텍스처가 없고, 단순히 명시된 방향으로 명시된 컬러의 입자를 발산한다. 모자이크 형태의 표면을 통과해 눈부신 빛의 생생한 효과를 얻으려면 라이트 쿠키를 이용한다.

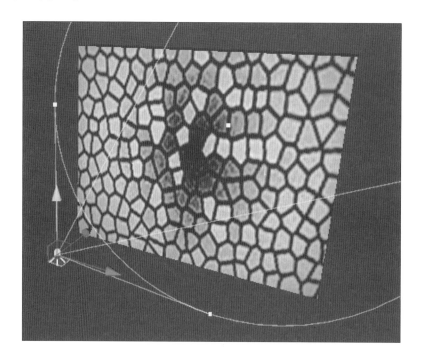

라이트 쿠키는 프로젝터와 마찬가지로 간단하게 라이트 효과를 만들어내는 놀라운 기능이다. 그레이스케일 텍스처가 라이팅을 제어하므로 실력 있는 아티스트라면 레벨을 더 멋져 보이게 하는 데 유용하게 쓸 수 있다.

임포트한 스탠다드 패키지의 애셋 중에는 라이트에 적용해 서로 다른 효과를 창출하는 아주 유용한 텍스처들이 몇 개 있다.

라이트 쿠키^{Light Cookie}는 그레이스케일 텍스처로 생성 과정과 임포트 설정에 배정해 컨트롤할 수 있는 옵션들이 있다. 라이트 옵션에서는 **Cookie** 매개변수에 해당 텍스처를 배정하기만 하면 작동한다.

Baking 매개변수를 **Baked**로 설정했다면 **Cookie** 매개변수는 나타나지 않는다.

라이트 쿠키는 간단하긴 하지만, 제대로 작동하게 하려면 몇 가지 유의할 점도 있다. 이 프로세스에 대해 알아보기 위해 라이트 쿠키 텍스처를 하나 생성해보자.

라이트 쿠키 생성

첫 번째로 기억해야 할 것은 모든 쿠키 텍스처는 정사각형이라는 점이다. 가로나 세로 중 한 쪽이 더 길 때는 이 매개변수에 텍스처를 배정할 수도 없다.

반면, 텍스처의 사이즈로는 2 제곱수를 권장하긴 하지만 원하는 대로 정해도 좋다.

앞서 언급했듯이, 텍스처 자체는 그레이스케일로 밝은색의 경우 해당 부분의 빛이 더 강하다는 뜻이다. 이 예제에서는 좀 인상주의적인 것을 사용해본다.

텍스처에서 한 가지 주의해야 할 것은 블리딩^{bleeding}이다. Cookie 텍스처에서 발생하는 흔한 문제점은 이미지 가장자리의 검은색 테두리를 그냥 두면 방지할 수 있다. 텍스처가 번져나오는 것이 보일 때 이 테두리를 더 두껍게 처리하면 대부분 문제가 해결된다.

알파 채널은 필요 없다. 유니티에 그레이스케일에서 하나를 생성하라고 지정하기만 하면 된다.

텍스처를 임포트할 때는 특히 신경 써야 할 몇 가지 옵션이 있다.

Texture Type은 Cookie로 설정해야 하는데, 이런 종류의 텍스처용으로 특별히 생성하는 것이기 때문이다.

Cookie 텍스처 타입으로 이제 Light Type 매개변수에 액세스해 우리가 사용하려고 하는 특정한 라이트 타입으로 텍스처를 조절할 수 있다(그렇지 않으면 쿠키를 스포트 라이트로 사용할 수 없다).

마지막으로, 알파가 제대로 설정되도록 Alpha from Grayscale 박스를 체크해야 한다.

이제 Light 컴포넌트의 Cookie 매개변수에 우리의 텍스처를 배정해 효과를 감상할 수 있다.

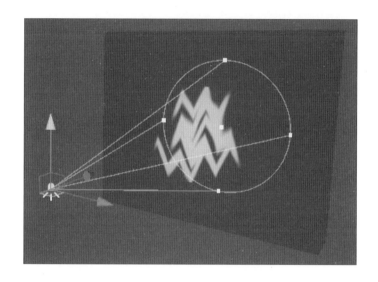

됐다! 블리딩이나 다른 이상한 결함은 보이지 않는다. Texture Type을 Cookie로 설정하면 자동으로 Clamp 모드로 설정된다. 우리의 텍스처를 가지고 임포트된 스탠다드 패키지에서 활용할 수 있는 것들을 찾아보자.

이 시점에서는 프로젝터로도 같은 결과를 달성할 수 있는지, 그리고 사용할 것을 어떻게 결정하는지 궁금한 독자가 있을 것이다.

짧게 답하자면 동일한 텍스처를 이용해 프로젝터를 활용해도 어느 정도 비슷한 효과를 줄 수 있다. 하지만 Projector/Light 매터리얼을 이용해 임포트 설정을 Texture Type에서 Texture나 Advanced로 변경해야 한다. 그 결과는 다음 스크린샷처럼 보이게 된다.

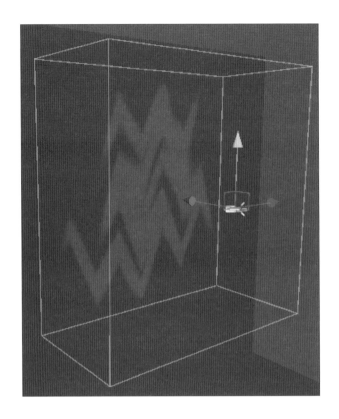

하지만 몇 가지 해결할 수 없는 분명한 한계가 존재한다.

1. 스포트와 포인트 라이트는 이 방법으로는 시뮬레이션할 수 없다.

2. 프로젝터는 실제로 빛이 아니며, 그저 매터리얼을 영사하는 것일 뿐이다. 따라서
   밝기와 강도 조절에는 한계가 있다.

이런 한계로 만족하고 빠르게 동적인 (가짜) 라이트를 필요로 한다면 라이트 쿠키보
다 프로젝터를 사용하는 것도 좋다. 그렇지 않다면 굳이 사용할 필요는 없다.

플레어와 후광

라이트에 배정할 수 있는 두 가지 흥미로운 효과가 있다.

후광

가장 단순한 것은 후광이다.

활성화하려면 단지 인스펙터 창에서 해당하는 체크박스에 체크한다.

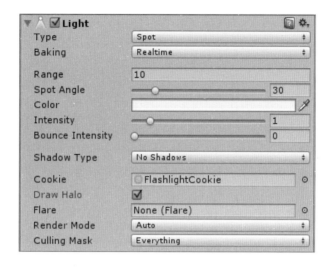

그러면 광원 주위에 구 형태의 라이트 존을 그려준다.

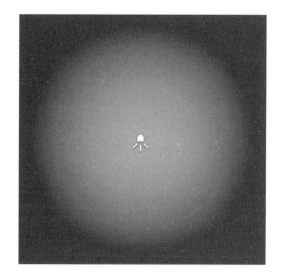

이 존은 빛을 컨트롤하는 것과 동일한 매개변수로 컨트롤할 수 있다. 반경, 컬러, 밝기를 각각 Range, Color, Intensity로 조절한다.

후광은 역시 빛이 아니라 효과일 뿐이며, 포인트 라이트를 대체할 수 없다.

하지만 후광 효과는 라이트 없이 다른 오브젝트에 부착할 수 있다. 다만 Halo 컴포넌트를 통해야 한다(Add Component > Effects > Halo).

Halo 컴포넌트에는 옵션이 적지만, Light 컴포넌트에 있는 것과 목적도 비슷하고 비슷한 결과를 낳는다.

플레어

이 효과는 생성하기가 훨씬 복잡하지만, 표준 패키지에서 제공하는 것에 초점을 두고 설명한다. 활용 가능한 플레어flare에는 다양한 상황에서 사용할 수 있는 상당히 멋진 효과들이 있다. 여기에서는 태양을 표현하는 방향성 라이트로 50mmZoom 플레어를 레벨에 적용해본다.

플레어 자체는 Lens Flare 타입의 특수한 애셋이며, 프로젝트 창의 Create 메뉴를 통해서나 Assets > Create > Lens Flare에서 생성할 수 있다.

플레어를 작동하려면 이미지 효과가 있는 텍스처가 지원되는 여섯 개의 레이아웃 중 하나로 쪼개져 있어야 한다(레이아웃에 대한 자세한 정보는 공식 문서 참조). 다음은 Small Flare라는 단순한 플레어 애셋이다.

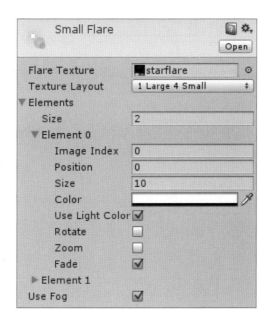

플레어의 최종 결과물은 Elements 어레이에 명시되는 요소들의 구성이다. 각 요소의 이미지는 Image Index 매개변수에 의해 명세된다. 이미지 인덱스는 선택한 텍스처 레이아웃에 묶여, 각 레이아웃이 각 인덱스의 픽셀 좌표를 저장한다. 그러므로 플레어의 텍스처를 만들 때는 항상 텍스처 레이아웃을 고려해 이미지를 그에 맞게 처리해야만 한다.

다음은 Small Flare에 이용할 1 Large 4 Small 레이아웃의 예다.

```
┌───────────────┐
│               │
│       0       │
│               │
├───────┬───────┤
│   1   │   2   │
├───────┼───────┤
│   3   │   4   │
└───────┴───────┘
```

각각의 컴포넌트는 이제 요소의 매개변수로 따로 조정할 수 있다. 간단명료하게 플레어는 이렇게 작용한다.

후광과 마찬가지로 플레어 역시 Lens Flare 컴포넌트를 이용해 어느 오브젝트에나 부착할 수 있다(Add Component > Effects > Lens Flare).

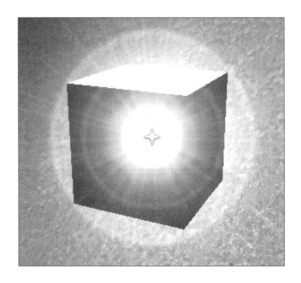

하지만 한 가지 문제가 있다. 플레어는 콜라이더에 의해 차단되므로 렌즈 컴포넌트가 부착된 오브젝트에서는 콜라이더를 해제해야 한다.

또 한 가지 흥미로운 효과는 플레어에는 방향성 라이트가 적용된다는 점이다. 플레어는 카메라의 위치에 따라(태양의 경우 Main Camera로 태양을 쳐다봐야만 플레어가 나타난다.) 나타나게 된다. Lens Flare 컴포넌트는 Directional 체크박스를 체크하면 이 효과를 흉내 낼 수 있다.

요약

라이팅은 믿을 수 없을 만큼 배우기 쉽지만, 숙달하기는 어려운 과정이다. 유니티에서도 라이팅에 문제가 없지는 않다. 3D 렌더링에 실제 세계의 논리를 적용하려 하면 시뮬레이션이 갖는 불완전함으로 인한 한계에 부딪치게 된다. 이런 문제들을 해결하려면 이런 문제를 격리하고 해결책을 찾아내기 위해 우선 무엇 때문에 이런 문제가 생기는지를 이해해야 한다. 이 장에서는 다양한 빛의 종류를 살펴보고, 라이팅이 특정한 방식으로 작동하도록 하는 것은 무엇인지 논의하고, 다양한 설정을 통해 어떤 행동 양식을 기대할 수 있는지 알아봤다. 이런 뉘앙스를 알면 라이팅 리그에서 원하는 결과를 얻는 데 필요한 도구와 기술들을 더 잘 적용할 수 있다. 프로젝터, 라이트 쿠키, 후광, 플레어에 대한 지식은 결과물을 더욱 향상시켜줄 것이다.

안타깝게도 입문서의 범위를 넘어서는 많은 주제들은 다루지 못했다. 라이팅에 대해 더 배우고 싶다면 공식 문서와 개발자 블로그에서 유용한 정보와 엄청난 양의 이론, 실용적 추천 방식을 찾아볼 수 있으며, 이 장에서 논의한 모든 라이트 요소에 대한 심도 있는 분석도 확인할 수 있다.

다음 장에서는 레벨 환경의 또 한 가지 중요한 요소인 사운드에 대해 알아보자.

8

소리 입히기

레벨을 시작할 때 사운드 효과는 바로 떠올릴 수 없을 것이다. 보통 기획의 끝에 다가 가서야 결정되거나, 어떤 경우는 레벨이 이미 제작 단계에 들어갔을 때에서야 그것을 왜 생각하지 못했는지 떠올리기 마련이다. 제대로 조정하고 맞춘 사운드 효과는 레 벨에 실체감을 주고 테마를 강화하는 등 큰 장점을 주기에 그래서는 안 된다.

유니티 5에는 레벨에서 다양하고 풍성한 사운드 디자인을 가능하게 도와주는 멋진 툴들이 있다. 이 장에서는 유니티 사운드 디자인과 관련된 다양한 주제를 다루며 다 음 내용을 배워본다.

- 유니티 5에서 사운드는 어떻게 작용하는가?
- 사운드 리시버와 이미터의 생성 및 설정
- 오디오 믹서로 시작해 사운드 효과를 처리, 믹스, 조작하기
- 리버브 존과 오디오 필터를 활용해 환경적 영향 추가하기

사운드 효과는 많은 개발자들에게 생소한 주제일 수 있으므로, 오디오 디자인에 대한 지식이 필요 없는 것들만 다루고 코드에 의존하지 않고도 따라 하면서 테스트할 수 있는 예제를 제시한다. 하지만 이 장에서 배우게 될 주제는 좀 더 복잡한 사운드 설정 을 추구한다면 알아야 할 분야들로 독자들을 인도할 것이며, 이미 사운드에 친숙하다 면 이 지식을 유니티 안에서 어떻게 적용하면 되는지 알 수 있을 것이다.

오디오 소스와 리시버

유니티에서 오디오의 작동 방식은 재현하려는 실제 세계와 다르지 않으며, 소리를 발산하는 오브젝트와 이를 받는 오브젝트 간의 공동 작업이다. 유니티에서는 이 둘이 모두 컴포넌트며, 각각 Audio Source와 Audio Listener가 된다. 컴포넌트이므로 둘은 인스펙터 창의 Add Component 메뉴를 통해 게임오브젝트로 부착할 수 있다.

아니면 상단 메뉴의 GameObject ➤ Audio로 가서 오디오 소스나 리버브 존이 있는 비어있는 게임오브젝트를 하나 생성하자.

 앞으로는 상단 메뉴에서 Audio Source를 이용해 생성할 것이다.

오디오 리스너

오디오 소스와는 달리, 모든 씬에는 이미 디폴트로 오디오 리스너[Audio Listener]가 있으며 Main Camera 오브젝트에 부착돼 있다.

오디오 리스너는 매개변수가 없으며, 필요한 기능은 그저 씬에 존재하는 것뿐이다. 하지만 오디오 리스너를 처리할 때 한 가지 규칙은 반드시 따라야 한다.

 씬에는 항상 정확히 하나의 활성화된 오디오 리스너가 있어야 한다.

실수로 두 개를 배치한다면 유니티가 메시지를 보내 다른 것을 재생하면 무시한다. 그 이유는 간단한데, 똑같은 사운드를 여러 리스너에서 재생하면서 올바르게 인지할 것이라고 기대할 수는 없기 때문이다. 이러면 소리가 올바르게 들리지 않으며, 공간 내에서 자신의 위치를 알 수 없게 된다.

영리한 코딩을 통해 이런 것을 우회해야 하는 몇 안 되는 상황이 있을 텐데, 보안 카메라의 모니터링 화면을 들여다보는 경우가 그런 예다. 이럴 때는 주변에서 일어나는 활동의 소리와 함께 카메라로 모니터링하고 있는 곳의 소리도 들려야 한다. 이때 감시 카메라가 비추는 영역의 오디오 소스를 근처에서 들리는 것처럼 만들거나 강제로 스피커 위치에서 재생되도록 이동시켜 조정하면 된다. 이런 상황을 정확히 재현하지는 않겠지만, 비슷한 상황에서는 이런 한계에서 차선의 해결책으로 쓸 수 있는 방법을 찾으면 된다.

오디오 소스

리스너는 자기 위치로 와 닿는 모든 사운드를 포착한다. 이런 사운드를 발산하려면 리스너가 이런 소리를 제대로 포착할 수 있도록 사운드가 어떻게 발산될지 제어하는 오디오 소스^{Audio Source}를 넣어야 한다.

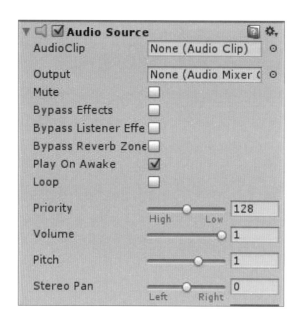

그럼 오디오 소스의 속성들과 사운드에 미치는 영향을 하나씩 살펴보자.

- AudioClip: 오디오 소스에서 재생될 오디오 파일이다(이 항목은 잠시 후 자세히 다루 겠다).

- Output: 이 매개변수에 오디오 그룹^{Audio Group}을 배정함으로써 오디오 믹서^{Audio Mixer} 로 사운드 효과를 제어할 수 있다(이 역시 오디오 믹서 항목에서 자세히 다루겠다).

- Mute: 사운드 효과를 끈다.

- Bypass Effects, Bypass Listener Effects, Bypass Reverb Zone: 오디오 소스에 적용 된 모든 효과와 필터를 우회(무시)하게 해준다.

- Play On Awake: 이 박스를 체크하면 게임을 시작할 때 사운드가 재생된다. 스크립 팅 없이 사운드가 재생되도록 하는 유일한 방법이기도 하다.

- Loop: 오디오 트랙을 반복 재생해, 배경 음악에 활용하면 좋다.

250

- **Priority**: 이 항목은 중요하다. 사운드 이미터의 수에는 제한이 없지만 일부는 겹칠 수 있으며, 시스템에서는 재생 시 어떤 사운드가 더 높은 우선순위를 가지는지 판단해야 한다는 점을 기억하자. 이 매개변수는 중단되기를 원치 않는 사운드를 더 낮은 값으로 (배경 음악처럼) 지정함으로써 이런 결정을 조정할 수 있게 해준다. 우선순위의 범위는 0에서 256까지지만, 직관적으로 올바른 값을 주려면 슬라이더를 이용하는 편이 더 쉽다.
- **Volume**: 해당 사운드의 전체적인 볼륨을 설정한다.
- **Pitch**: 재생 속도를 제어한다. 범위는 –3에서 3까지며 1이 디폴트 값이다.
- **Stereo Pan**: 2D 사운드가 스테레오 설정에서 오른쪽이나 왼쪽으로부터 재생되도록 제어해준다(3D 사운드의 경우에는 리스너의 위치에 따라 조정된다).

이 매개변수들이 오디오 소스의 뼈대가 된다.

오디오 클립

지원되는 모든 오디오 파일은 임포트하면 즉시 오디오 클립$^{Audio\ Clip}$이 되는데, 이것은 단순히 오디오 데이터를 담는 그릇이다.

유니티에서 지원되는 오디오 파일 포맷은 네 가지로, .aiff, .ogg, .wav, .mp3다.

 유니티는 .xm, .mod, .it, .s3m 포맷의 트래커 모듈도 지원한다.

지원되지 않는 포맷을 임포트하면 활용할 수 없기 때문에 먼저 파일들을 변환해야 한다.

프로젝트 창에서 Chapter 8 ➤ Sound Effects로 가면, 이 책에서 연습해볼 수 있는 사운드 효과를 찾을 수 있다.

임포트 설정은 임포트 시 자동으로 일어나는 오디오 데이터의 압축을 컨트롤하는 데 사용된다. 압축은 사운드의 품질을 줄여 오디오 데이터로 인해 발생하는 성능 오버헤드를 처리함으로써 메모리 사용을 줄이고 제어할 수 있게 해준다. 레벨을 가능한 한 최대로 최적화할 방법을 찾고 있지 않다면 이 옵션은 디폴트 값으로 둬도 좋다.

입문 수준에서 활용할 수 있는 단 하나의 옵션은 믹스 채널을 하나로 다운그레이드해 주는 Force to Mono 체크박스다.

Import Settings 맨 밑에 있는 프리뷰 창에서 오디오 웨이브렝스audio wavelength, 기술 정보, 재생 컨트롤을 찾을 수 있다.

재생 컨트롤은 다음 그림과 같다.

컨트롤	설명
	사운드 트랙을 재생한다.
	트랙을 반복 재생한다.
	계층 창에서 오디오 클립을 선택하면 자동으로 재생된다.

오디오 클립에서 사용할 수 있는 한 가지 재미있는 트릭은 씬에 끌어다 놓는 것이다. 비어있는 공간에 놓으면 Audio Source 컴포넌트가 있는 비어있는 게임오브젝트가 생기고, 오디오 파일을 끌어다 놓으면 AudioClip 매개변수가 배정된다. 기존의 게임오브젝트에 드롭하면 Audio Source 컴포넌트가 부착되며, 이미 부착돼 있는 (있다면) Audio Source 컴포넌트의 가장 위 수준을 대체한다.

2D와 3D 사운드

오디오 소스에서 발산할 수 있는 사운드에는 어디에서 들리는지 알 수 없도록 배경에서 재생되는 것(앰비언트 사운드와 배경 음악)과 근원이 분명해 거리에 따라 희미해지는 것(대화, 비상 경고, 스피커 소리 등), 이렇게 두 가지가 있다. 유니티에서는 이 둘의 차이가 주로 신도의 개념에 있기 때문에 2D와 3D라고 부른다.

Audio Source 컴포넌트의 Spatial Blend 매개변수를 조절해 2D나 3D를 모두 만들 수 있다.

씬의 리스너 옆에 오디오 소스를 놓고 슬라이더를 왼쪽과 오른쪽으로 움직여서 효과를 테스트해볼 수 있다. 2D 사운드는 사방에서 들려오는 느낌인 반면, 3D 사운드는 어디에서 들려오는지 쉽게 알 수 있다.

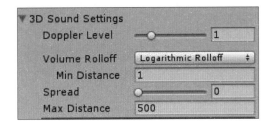

2D 사운드는 이미 언급한 매개변수로 쉽게 컨트롤할 수 있지만, 3D 사운드는 심도에 의존하기 때문에 Audio Source 컴포넌트의 **3D Sound Settings** 드롭다운 목록에 숨겨져 있는 매개변수들을 설정해줘야 한다.

- Doppler Level: 리스너나 소스의 상대적인 속도가 사운드 피치(음 높이)에 미치는 영향의 정도를 컨트롤한다. 기차가 바로 옆으로 다가와서 지나갈 때 음향 주파수의 변화를 생각해보자. 이 매개변수가 바로 이런 변화에 영향을 준다.
- Volume Rolloff: 소스와 리스너의 거리에 따라 사운드 볼륨에 변화를 주는 프리셋이다. Logarithmic, Linear, Custom 롤오프 중 하나를 골라야 한다.
  - Linear: 사운드 볼륨이 일정한 속도로 소스에서 멀어질수록 줄어들게 해준다(선형 감소).
  - Logarithmic: 소스에서 멀수록 속도가 늘어나게 한다(멀리 있을수록 사운드 감소 속도가 높아진다).
  - Custom: 원하는 선호도에 따라 설정할 수 있게 해주며, 이 기능은 잠시 후에 살펴본다.

- Min Distance: Volume Rolloff가 효과를 주기 시작하는 거리다.
- Spread: 스피커 공간의 확산 각도를 제어해 3D와 멀티 채널 사운드에 유용하다.
- Max Distance: 사운드 롤오프가 멈추는 거리다. 반드시 사운드가 더 이상 재생되지 않는 거리는 아니다.

다음은 최소와 최대 거리를 표시한 그림이다.

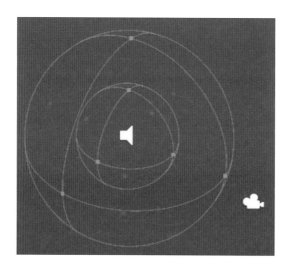

보다시피, 오디오 소스를 둘러싼 두 개의 구가 있다. 안쪽의 구는 Min Distance의 경계(현재는 1로 설정)고, 바깥의 구는 Max Distance의 경계다(현재 2로 설정됐지만 보통은 디폴트로 500이며, 그러면 눈에 들어오지 않는다). 리스너가 있는 Main Camera 오브젝트는 두 구체의 밖에 있지만, Logarithmic Rolloff를 선택한 상태라면 계속 재생되는 사운드를 들을 수 있다. 이를 Linear Rolloff로 전환하면 Max Distance 범위 밖으로 나가자마자 소리는 사라진다.

이렇게 되는 이유는 간단하다. 볼륨 롤오프는 (그리고 몇 가지 다른 매개변수는) Audio Source 컴포넌트 하단의 그래프에 의해 제어된다.

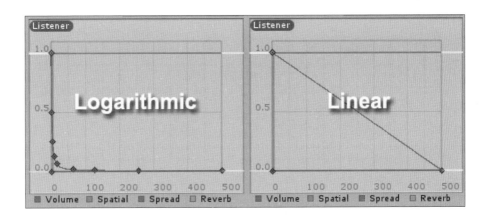

위 그래프는 리스너에 대한 거리(x 축)와 매개변수의 수치(y 축), 이 경우에는 Volume 에 비례해서 그린 것이다. Logarithmic이나 Linear를 선택하면 Volume Rolloff에 가능한 두 개의 프리셋 중 하나가 주어진다. 수동으로 곡선 값을 수정하려 하면 자동으로 Custom Rolloff로 전환된다. 그런데 롤오프 곡선은 4장, '기본 애니메이션 처리'에서 논의했던 커스텀 애니메이션 곡선 제어와 똑같아서 키를 추가하고 조작하고 곡선을 탄젠트로 조절해 원하는 대로 맞출 수 있다.

오디오 믹서 개요

풍성한 오디오 효과를 만들어내고 제대로 작동하도록 하는 것은 어려운 일이다. 이전에는 런타임으로 복잡한 사운드 시스템을 컨트롤하려면 많은 프로그래밍 지원이 필요했다. 게다가 오디오 디자이너들이 레벨 여기저기에 오디오 소스를 각각 배치해야 하므로 파이프라인 자체가 정돈되지 못한 느낌이었고, 이 프로세스를 관리하는 것은 골치 아픈 일이었다. 다행히 유니티 테크놀로지스의 개발자들도 이런 문제를 깨닫고 오디오 믹서의 형태로 해결책을 내놓게 됐다.

어떻게 작동하는가

유니티 5 출시와 함께 선보인 오디오 믹서는 오디오 관리에 관련된 대부분의 짜증스러운 이슈들을 해결하기 위한 오랜 노력의 산물이다. 다음 예를 통해 이 애플리케이션을 살펴보자. 그러면 먼저 무엇으로 구성돼 있는지부터 살펴본다.

1. 상단 메뉴의 Window 탭에서 Audio Mixer라고 불리는 창을 연다.

2. 이어서 Mixers 옆에 있는 + 기호를 클릭한다.

이러면 오디오 믹서의 일반적 기능을 설명하는 데 사용할 우리의 첫 번째 오디오 믹서가 생성된다. 유니티의 다른 창들과 마찬가지로 사용하기 편한 곳에 도킹할 수 있으며, 창을 우클릭하고 드롭다운 메뉴에서 옵션을 선택하면 Vertical과 Horizontal 두 가지 레이아웃 중 하나로 전환할 수 있다.

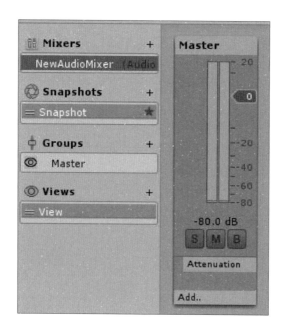

오디오 믹싱 시스템의 핵심이라 할 수 있는 다음 네 가지 요소가 보일 것이다.

- Mixers: 오디오 믹서 시스템의 모든 요소를 담고 있는 애셋이다. 생성하면 프로젝트 창에 나타난다.

- Snapshots: 오디오 믹서의 모든 매개변수의 프리셋을 캡처한다. 매우 유용하지만, 런타임에서만 코드를 이용해 바꿀 수 있다.

- Groups: 오디오 믹싱의 가장 기본이라 할 수 있다. 여기에 대부분의 매개변수와 컨트롤이 들어있다. 오디오 소스에 레퍼런스를 저장하거나 효과를 배정하고 계층

을 구성함으로써 다른 그룹들을 컨트롤할 수도 있다.

- Views: 현재 관심 있는 특정 그룹들을 보여주는 필터다. 그냥 새 뷰를 하나 생성해서 관심 없는 그룹 옆의 눈 모양 아이콘을 클릭하면 보고 싶은 그룹만 남는다.

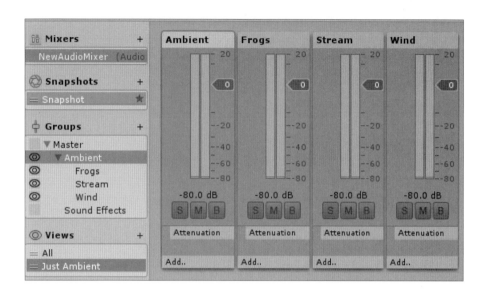

사운드 믹스를 하려면, 먼저 특정 그룹에 오디오 소스 레퍼런스를 설정해야 한다. 그러려면 조정하고자 하는 오디오 소스의 Output 매개변수에 오디오 그룹을 끌어다 놓아야 한다.

자연히, 믹서를 생성한 것과 같은 방식으로 (플러스 기호를 눌러서) 먼저 오디오 그룹을 하나 생성해야 한다.

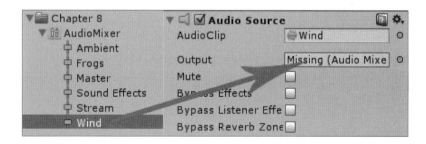

이제 그룹에 대해 적용하는 모든 것은 연결된 오디오 소스에 영향을 주게 된다.

지금부터는 외부 씬에 대한 앰비언트 사운드 믹스를 통해 오디오 믹서를 연습해보자.

1. Chapter 8 > Sound Effects로 가서 오디오 파일들을 찾고, 빈 공간에 Wind, Birds, River, Waterfall, Background Music 파일들을 끌어다 놓아 씬에 추가한다.

2. 오디오 믹서에서 각각의 오디오 그룹을 생성한다.

3. 해당하는 오디오 소스에 오디오 그룹들을 배정한다.

4. 생성한 오디오 소스에서 모두 Loop 박스를 체크한다.

5. Waterfall 사운드와 가운데 River 사운드의 Saptial Blend를 풀 3D로 설정한다.

위 작업을 마치고 나면 다음 스크린샷과 같이 보일 것이다.

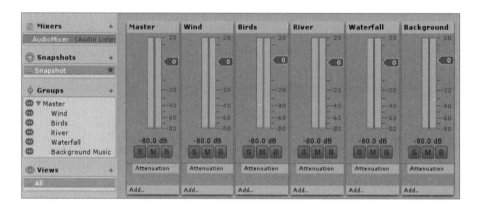

생성한 모든 오디오 그룹은 서로 연결하는 것이 아니라 마스터 그룹의 자식으로 설정해야 한다. 새로운 오디오 그룹을 추가할 때는 마스터 그룹을 선택해야만 오디오 믹서가 새로운 그룹을 현재 선택한 것의 자식으로 추가하게 된다.

Play 모드로 들어가면 사운드가 동시에 재생돼 아직 제대로 튜닝되지 않은 끔찍한 소리가 나오므로 스피커 음량은 미리 줄여두는 편이 좋다.

런타임 수정

모든 변경이 런타임 중 처리되고 Play 모드에서 나오자마자 되돌아간다고 상상해보자. 시각적 오브젝트를 다룰 때는 이점이 있겠지만, 사운드는 매개변수만 볼 수 있을 뿐이고 최종 결과물을 잘 알고 있을 때, 혹은 정확한 값을 찾으려 할 때만 변경할 수 있다. 그래서 Play 모드에서는 런타임으로 오디오 믹서를 편집할 수 있고, Play 모드에서 빠져나온 다음에는 Play 모드의 **Edit** 버튼으로 변경을 저장할 수 있다. Play 모드에 들어가면 바로 오디오 믹서 창에 나타난다.

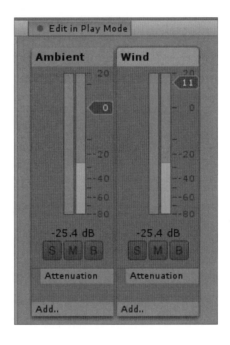

이제 원하는 대로 모든 사운드를 믹서에서 조정할 수 있다. 이 단계에서 각 사운드에 올바른 설정을 찾는 데 쓰이는 다른 옵션들이 있는데, 오디오 그룹 하단에서 액세스할 수 있다. 그 설명은 다음 표와 같다.

버튼	설명
S M B	Solo는 다른 그룹을 모두 음소거하고 이 그룹의 사운드만 재생한다.
S M B	Mute는 선택한 그룹을 모두 음소거한다.
S M B	Bypass는 이 그룹에 적용된 효과들을 무시한다.

일단 편집을 마치고 나면 River와 Waterfall 같은 3D 사운드를 레벨의 해당되는 위치에 배치할 수 있다.

필터와 리버브 존

사운드 튜닝에 주로 쓰이는 툴은 필터^{Filter}와 리버브 존^{Reverb Zone}을 통한 다양한 효과 적용이다.

필터는 컴포넌트를 통해 특정 오디오 소스에 부착하거나, 오디오 믹서 안의 사운드 그룹^{Sound Group}에서 하단에 있는 **Add...** 버튼을 통해 부착할 수 있다.

 필터를 오디오 그룹에 추가하는 것이 더 낫다. 필터가 컴포넌트로 존재하면 오디오 믹서가 없는 유니티의 구 버전과 하위 호환되지 않는다.

필터는 배정되는 특정 오디오 소스들에 영향을 준다(계층적으로는 오디오 그룹). 필터는 상황에 따라 다른 특징이 있으므로 하나씩 논의하지는 않겠다. 대신, 필터를 적용하는 순서가 큰 영향을 미친다는 점을 기억해야 한다. 차이를 늘 느낄 수 있는 것은 아니지만 이것은 사실이다.

리버브 존은 약간 달라서, 오디오 리스너가 리버브 존 영역 안에 있을 경우 오디오 소스에 리버브를 추가하려면 구체의 볼륨(컴포넌트)을 레벨에 배치해야 한다.

Chapter 8 폴더 안의 동굴^{Cave} 씬을 예로 살펴보자. 씬에는 Waterfall 오디오 소스, 동굴 속 리버브 존, 그리고 캐릭터에 부착된 오디오 리스너가 있다. 리스너는 분명히 리버브 존 영역 밖에 있으므로, 리버브는 적용되지 않는다. 하지만 캐릭터가 안으로 들어가자마자 들을 수 있는 오디오 소스에 리버브가 적용되기 시작한다. 다시 말해, 특정 오디오 소스를 변경하는 것이 아니라 리스너에 리버브를 적용해 소리가 어떻게 들리는지에 영향을 주는 것이다.

위에서 적용되기 시작한다고 표현한 이유는 Audio Reverb Zone 컴포넌트에 이런 전환을 컨트롤하는 두 개의 매개변수가 있기 때문이다. 바로 Min Distance와 Max Distance며 리버브 효과는 0퍼센트(최대 거리 초과)에서 100퍼센트(최소 거리 이내)까지 될 수 있다.

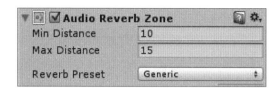

리버브 존은 사운드에 환경적인 영향을 추가하는 데 사용된다. 캐릭터가 안에 리버브 존이 있는 동굴에 들어가면, 적절한 설정으로 캐릭터가 듣는 모든 것에 음향 효과를 추가한다.

 Reverb Preset 드롭다운 메뉴에서 가능한 효과를 선택하거나 User 옵션을 선택하고 슬라이더를 조정함으로써 스스로 사운드를 디자인할 수 있다.

Play 모드로 들어가서 캐릭터를 동굴 안으로 이동시켜보자. 캐릭터가 리버브 존 안으로 들어가면 로우-패스 필터^{Lowpass Filter}를 하단의 **Add...** 버튼을 이용해 마스터 그룹에 추가하자. 즉시 소리의 차이를 느낄 수 있으며, 동굴 안으로 들어간 느낌을 강하게 받을 수 있을 것이다.

소리가 리버브 존과 필터의 영향을 받지 않길 원하는 상황이 있을 텐데, 바로 배경 음악의 경우가 그렇다. 특정 오디오 소스가 리버브 존과 필터의 영향을 받지 않도록 제외하려면, 레벨에서 배경 음악을 재생하는 Audio Source 컴포넌트의 Bypass Reverb Zones와 Bypass Effects 박스를 둘 다 체크한다.

요약

유니티의 오디오 시스템은 진입 장벽이 낮다. 초보 사용자라면 사용자 친화적인 인터페이스와 단순한 파이프라인이 마음에 들 것이고, 고급 사용자라면 멋진 효과를 바로 만들어낼 수 있는 유연한 도구라고 평가할 것이다. 오디오 믹서의 도입은 오디오 디자이너들에게 엄청난 자유를 줬고, 활용 가능성을 더욱 확장시켜주는 커스텀 사용자 플러그인을 지원한다.

그렇긴 하지만 올바른 곳에서 적절한 타이밍에 사운드 효과가 재생되도록 하려면 어느 정도의 코딩은 여전히 필요하다. 불행히도 이 점은 파티클 효과를 생성하고 설정하는 법을 다룰 다음 장에서도 마찬가지다.

9

파티클 시스템 탐험

파티클^{particle}은 불, 안개, 마법, 혹은 거대한 폭발 같은 다양하고 신나는 시각 효과를
시뮬레이션해보는 경험을 대폭 향상해준다.

이 장에서는 다음 주제를 다룬다.

* 파티클은 무엇인가?
* 유니티 에디터에서 파티클 다루기
* 레벨에 커스텀 파티클을 생성하는 법

파티클을 작업할 때 일반적인 규칙은 무엇을 만들고 싶은지 생각한 후 차근차근 한
번에 하나의 매개변수만 설정하는 것이다. 시험 삼아 서로 다른 것을 시도해보면 몇
가지 텍스처와 잘 조율된 파티클 시스템만으로 무엇을 만들어낼 수 있는지에 대해 감
탄하게 될 것이다.

파티클은 무엇인가

파티클은 파티클 시스템에 의해 생성되고 컨트롤되는 스프라이트, 혹은 게임오브젝
트로, 전통적인 렌더링 기법으로는 재현하기 어려운 혼돈, 자연 현상, 화학 반응 같은
다양한 그래픽적 효과를 시뮬레이션하는 데 주로 쓰인다. 불, 전기 스파크, 불꽃놀이,

먼지, 비, 눈, 폭발, 마법 주문 모두 유니티에서 제공하는 파티클 시스템을 사용해 만들 수 있다.

Assets ➤ Import Package ➤ Particle Systems로 가서 유니티의 스탠다드 패키지에서 제공되는 파티클 시스템의 예를 살펴보길 권한다.

내가 개인적으로 가장 좋아하는 것은 불꽃놀이 파티클로, Standard Assets ➤ ParticleSystems ➤ Prefabs ➤ Fireworks 밑에서 찾을 수 있다. 파티클 시스템이 작동하는 것을 보기 위해서는 그냥 씬에 끌어다 놓고 활성화(선택)를 유지하기만 하면 된다.

가장 좋은 점은 코드를 한 줄도 쓰지 않고 이런 아름다운 모습을 만들어낼 수 있다는 것이다. 어떻게 이것이 가능할까? 바로 근사한 파티클 에디터 덕분이다.

파티클 에디터

대부분의 유니티 기능처럼 파티클 시스템도 GameObject ➤ Particle System으로 가서 독립적인 게임오브젝트로 파티클 시스템을 만들거나 AddComponent ➤ Effects ➤ Particle System으로 가서 기존 게임오브젝트에 컴포넌트로 부착하면 된다. 총격 시 총구에서 나오는 섬광 같은 것을 처리할 때 매우 유용하지만, 지금은 첫 번째 옵션에 집중해 파티클 시스템이 어떻게 작동하는지 살펴보자.

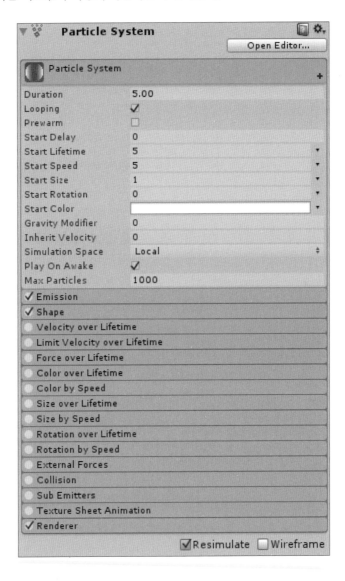

파티클 시스템 컨트롤은 상단에서 펼쳐진다. 여기에는 모든 파티클 시스템에 있어야 할 가장 기본적이고 중요한 컨트롤들이 있으므로, 잠시 각 컨트롤을 살펴보고 넘어가자.

- Duration: 이 시스템에서 얼마나 오랫동안 파티클을 발산할지 정한다. 폭발과 같은 일회성 효과의 길이를 조절하는 데 도움이 된다.
- Looping: 짐작했겠지만 이 체크박스는 파티클 시스템이 반복해서 계속 발산되도록 한다. 직접 적용하는 것 외에도, 지속적으로 효과에 대한 파티클을 테스트할 때 체크해두면 좋다.
- Prewarm: 시뮬레이션 도중에 파티클 시스템을 시작할 수 있게 해준다. 파티클 시스템을 활성화할 때마다 소스에서 파티클을 발산하기 시작하는데, 폭발을 만들어내서 즉시 먼지 구름이 피어나게 하고 싶다면 Prewarm으로 그렇게 할 수 있다. Prewarm은 서서히 발산하는 과정을 건너뛰고 사이클 내내 첫 번째 파티클로 시작해 끝까지 가도록 해준다. Prewarm을 활성화하려면 Looping을 켜줘야 한다. 폭발의 경우 코드는 보통 Looping을 토글해 Prewarm을 쓸 수 있도록 처리해준다.
- Start Delay: Prewarm의 정반대 역할을 한다. 이 매개변수는 활성화하면 시간에 맞춰 파티클의 발산을 지연시켜주므로, 동일한 시스템에 여러 종류의 파티클이 있을 때 이들의 시간차를 두는 데 유용하다(첫 번째 폭발이 일어나고 나중에 먼지 구름이 일어나는 경우). Prewarm을 체크해두면 비활성화된다.
- Start Lifetime: 씬에 존재하는 발산된 파티클이 사라지기까지 얼마나 시간이 걸리는지를 결정한다.
- Start Speed: 파티클이 발산되는 최초의 속도다.
- Start Size: 파티클의 최초 크기 요인이다.
- Start Rotation: 최초의 회전이다.
- Start Color: 파티클에 컬러 확산을 추가할 수 있게 해준다.

한 가지 흥미로운 것은 이들 Start 매개변수는 정수 범위에서 생성되는 변수로 정의할 수 있다는 점이다.

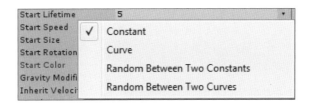

이 매개변수들 오른쪽의 삼각형 아이콘을 클릭하면 이런 매개변수들을 설정하는 옵션이 있는 드롭다운 메뉴가 열린다.

- Constant: 정수를 설정하는 디폴트 옵션이다.
- Curve: 이 옵션은 숫자와 지속 시간 매개변수 사이의 연관을 그래프화할 수 있게 해준다.
- Random Between Two Constants, Random Between Two Curves: 이 둘은 앞의 두 옵션을 연장해 무작위로 특정 범위 안에서 숫자를 고를 수 있게 해준다. 초반부터 설정해두면 선택의 폭 때문에 골치 아픈 일이 생기기 쉬우므로 이런 숫자들은 일단 그냥 두는 편이 좋다.
- Gravity Modifier: 파티클에 대한 중력의 영향을 설정한다.
- Inherit Velocity: 설명하기 다소 어려운 개념인데, 특별한 상황에서만 유용하다. 예컨대 신데렐라를 무도회장으로 데려가는 마법의 마차가 이동하고 있으며, 이 마차에서 마법의 스파크가 사방으로 튀어 이동 경로에 자취를 남긴다고 가정해보자. 이 모든 파티클이 바로 발산되게 하려면 마차 뒤에 자취를 넣어야 하지만, 이 매개변수를 조정하면 발산된 파티클들이 오브젝트의 속도를 상속받아서 마차보다 앞서가기 시작하게 된다. 제대로 동작하게 하려면 리지드바디^{rigidbody}를 통해 게임오브젝트를 움직여야 하며, Simulation Space는 World로 설정해야 한다. Rigidbody 컴포넌트는 다음 장에서 더 자세히 설명한다.
- Simulation Space: 파티클의 시뮬레이션은 World에서 되는가, 아니면 Local 공간에서 되는가? 달려가며 총을 쏘는 군인의 불뿜는 총구는 총에 맞춰 움직이도록 로컬 공간에서 시뮬레이션돼야 하지만, 탄피 같은 것은 발산된 곳의 지면에 떨어져야 하므로 월드 공간에서 시뮬레이션되는 편이 낫다.
- Play On Awake: 오브젝트가 인스턴스되거나 Play 모드로 들어가면 파티클이 자동으로 시작되도록 해준다.

- Max Particles: 이 소스에서 발산돼 어느 순간에 씬에 존재하는 파티클들의 총 개수다. 파티클의 상한선에 도달하면 시스템에서 일시적으로 발산을 멈춰주므로 최적화에 매우 유용하다.

파티클 시스템 컨트롤의 나머지 옵션들은 파티클 시스템에 추가적으로 컨트롤할 레이어를 덧붙이는 것을 활성화해주는 선택적 모듈들이다. 그중 일부는 이 장의 다음 절에서 살펴보겠지만, 이런 옵션들은 말 그대로이기 때문에 어려울 것은 없다.

파티클 에디터의 끝부분에 있는 것들은 컴포넌트의 상단 오른쪽 구석에 있는 Open Editor... 버튼을 눌러 활용할 수 있다. 파티클 에디터는 계층에 의해 연결된 여러 파티클 시스템들을 제어하게 해주는데, 파티클 시스템을 좀 더 편하게 다루는 방식일 뿐이다.

폭포 생성

이 절에서는 우리 레벨의 파티클 시스템인 폭포 생성에 도전해보자. 크게 어려운 점은 없으며, 코드를 활용할 필요 없이 텍스처 작업과 내장된 파티클 시스템만으로 해낼 수 있다.

애셋 설정

그럼 이 파티클 효과의 생성에 필요한 애셋들을 먼저 설정하고 자세히 살펴보자.

1. 씬에서 GameObject ➤ Particle System으로 가서 파티클 시스템을 생성한다.
2. Chapter 9 ➤ Waterfall로 가서 Waterfall이란 이름의 매터리얼과 프리팹을 찾는다.
3. 생성된 파티클 시스템을 Waterfall 프리팹에 배정한다.

이것이 파티클 시스템으로 작업을 시작하기 위해 필요한 모든 것이다. Waterfall 폴더는 이제 다음 그림처럼 보일 것이다.

WaterfallTexture 이미지는 우리 폭포의 첫 번째 이터레이션에 사용될 것이다. 매우 단순한 128×128 그레이스케일 이미지며(파티클에는 낮은 해상도의 정사각형 텍스처 사용을 강력히 권고한다.), 제대로 활용하려면 알파 채널이 Waterfall Import Settings의 두 가지 체크박스 Alpha from Grayscale과 Alpha is Transparent를 체크해 그레이스케일로부터 생성되는 것을 보장해야 한다.

말할 필요도 없이, 유니티에서는 알파가 들어있지 않은 이미지도 사용할 수 있다. 그러면 흰색이 아닌 다른 컬러도 추가할 수 있는데, 이 경우 다른 방식으로 보정할 수 있다.

마지막으로 매터리얼의 환경을 설정해야 한다.

1. WaterfallTexture를 Waterfall 매터리얼의 Albedo 매개변수에 배정한다.

2. Rendering Mode 매개변수를 Cutout으로 설정한다.

WaterfallTexturesheet는 이후에 확인하자.

파티클 시스템 설정

파티클 시스템으로 돌아와서, 어떤 모듈과 매개변수들을 설정해야만 폭포처럼 보일 수 있는지 살펴보자. 이 폭포를 내가 만들었던 순서대로 짚어가면서 적절한 효과를 내기 위해 다른 모듈들을 활용하는 과정을 안내한다.

발산 방향

파티클들이 올바른 방향으로 발산되도록 해야 한다. 먼저, 파티클들이 발산되면서 공중으로 날아오르는 사실이 마음에 들지 않는다. 자연에서 내가 배운 것이 있다면, 물은 아래로 낙하한다는 사실이다. 이 문제는 Gravity Modifier를 1.85(여기서부터 숫자는 중요하지 않으며, 생성한 다음 조정을 통해 최상의 결과를 낸 것을 적용한다.)로 설정해 해결한다.

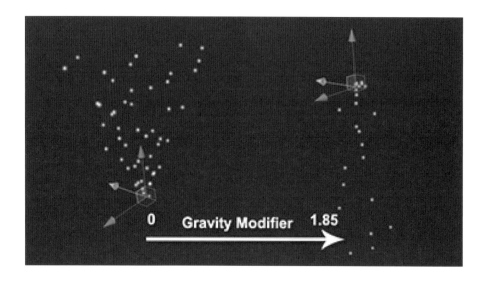

이제 발산하는 원천의 차례다. 파티클 시스템은 디폴트로 원뿔 형태 방향으로 파티클을 발산한다. 우리의 폭포에서는 이런 형태를 원하지 않으므로 Shape 모듈로 가서 Shape 매개변수를 Box로 변경한다. 박스의 형태는 Shape 모듈 안의 변형과 매개변수를 통해 바꿀 수 있다. 나는 Box Y 매개변수를 10으로, Transform 컴포넌트의 Rotation을 (45, 0, 90)으로 설정했다.

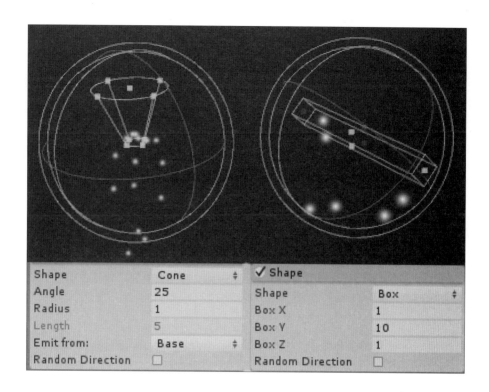

Shape			✓ Shape		
Shape	Cone	↕	Shape	Box	↕
Angle	25		Box X	1	
Radius	1		Box Y	10	
Length	5		Box Z	1	
Emit from:	Base	↕	Random Direction	☐	
Random Direction	☐				

이 시점에서는 그냥 박스를 회전시켜 발산 방향을 바꿔도 된다면 어째서 Gravity Modifier를 추가해야 하는지 궁금해할 독자도 있을 것이다. 사실 그렇게 해도 되지만, 이 방식을 쓰면 파티클들이 특정한 각도로 발산돼 중력에 의해 아래로 떨어지므로 포물선이 더 예쁘게 나온다.

파티클 환경 설정

이제 매터리얼을 파티클에 배정하고 어떻게 작동하는지 확인해볼 차례다.

그러려면 Renderer 모듈로 가서 Waterfall 매터리얼을 Material 매개변수에 배정한다.

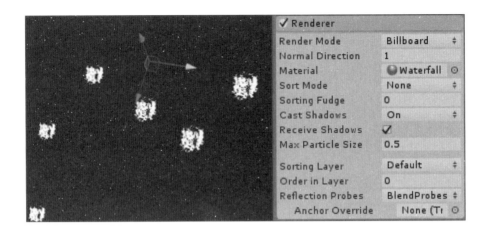

전혀 폭포 같지도 않고 보기에도 흉하다. 하지만 제대로 가고 있는 것이 맞다. 이 문제는 하나씩 해결해보자. 첫 번째 분명한 것은 너무 작다는 사실이다. 그러므로 **Start Size** 매개변수를 5로 변경해 최초 크기를 늘려보자(처음 값은 1). 이제 조금 나아 보이겠지만, 아직 충분한 공간을 차지하고 있지 않으며 원천에서 간격이 떨어진 것이 보인다. 이 문제를 해결하기 위해 **Emission** 모듈에 가서 **Rate** 매개변수를 10에서 20으로 변경해 더 많은 파티클이 발산되도록 하자.

이러면 양동이 같은 것들로부터 많은 양의 물이 공중으로 퍼부어지는데, 현실 세계에서 물이 흥미로운 점 중 하나는 원천에서 충돌 구역까지 공간 전체를 균일하게 채운다는 것이다(물이 계속 흐를 경우에는 그렇다). 우리의 경우, 텍스처를 변화 가능한 사이즈로 늘리면 예측하기 어려울 수 있으며, 종종 결과가 이상해지기 때문에 똑같이 할 수는 없다. 대신 텍스처가 현실의 폭포와 비슷해 보이기 시작할 때까지 텍스처를 늘린다.

이 점을 감안하고, 다음을 따라 해보자.

1. Renderer 모듈의 Render Mode 매개변수를 Stretched Billboard로 변경한다.
2. Length Scale 매개변수를 2에서 1.5로 내린다.

하지만 여기서 멈추는 것이 아니라, Size over Lifetime 모듈을 활성화하고 몇 가지 값을 조정해서 좀 더 작업한다. 이 모듈은 라이프 사이클 내내 파티클의 크기를 설정할 수 있도록 해준다. 컨트롤을 위해서는 곡선을 사용한다. 프리뷰 창에서 곡선을 보려면 단지 커브를 클릭하고 다음 과정을 따른다.

1. 커브 에디터에서 하단 오른쪽에 있는 곡선의 두 번째 프리셋을 선택한다.
2. 상단 왼쪽 모서리에 있는 **Size** 매개변수를 1에서 4로 올린다.
3. 우클릭하고 **Add Key**를 선택해 곡선에 세 번째 키를 설정한다.
4. 왼쪽에서 오른쪽으로 키를 다음 좌표((x, y))로 설정한다.
   - (0.0,0.5)
   - (0.2,1.6)
   - (1.0,4.0)

이제 곡선은 다음 스크린샷과 비슷하게 보일 것이다.

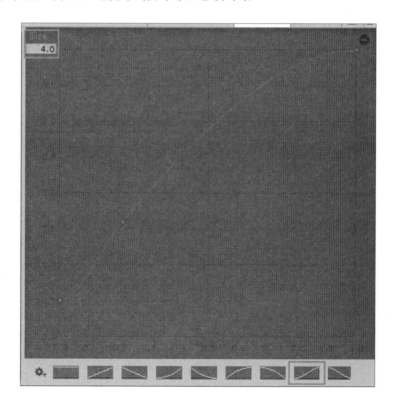

됐다! 이제 훨씬 나아 보인다.

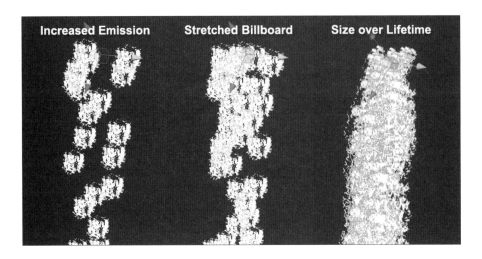

이제 거의 다 완료돼 몇 가지만 손보면 된다.

폴리싱

지금은 폭포가 너무 뻔해 보이므로 똑같은 텍스처가 반복해서 방출되는 것을 보고 있으면 지루해진다. 다양성을 추가하기 위해 여러 텍스처의 변화를 더할 텍스처 시트를 도입한다. 시작하려면 다음과 같이 한다.

1. WaterfallTexturesheet를 Waterfall 매터리얼의 Albedo 매개변수에 배정한다.

2. 이러면서 Albedo의 컬러를 푸른 계열로 변경하자.

3. 파티클 시스템 내에 있는 Texture Sheet Animation 모듈을 활성화한다.

4. Tiles Y 매개변수를 1에서 5로 올린다.

5. Animation 매개변수를 Single Row로 설정한다.

마침내 폭포가 완성됐다.

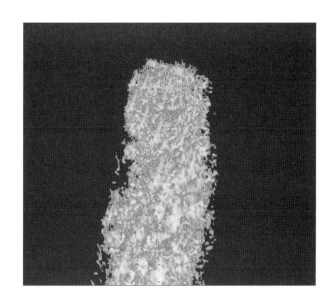

길이를 컨트롤하기 위해서는 단지 Start Lifetime 매개변수만 변경하면 된다.

하지만 조금 물러서서 텍스처 시트 애니메이션이 어떻게 이런 놀라운 일을 해내는지 살펴보고, 다른 상황에서는 어떻게 활용할 수 있을지 알아보자.

텍스처 시트 애니메이션

텍스처 시트는 플레어 텍스처, 그리고 다른 여느 애니메이션 텍스처 시트와 아주 유사하게 작동한다. 모듈 내부에서 우리 시트를 구성하는 정사각형 타일의 수(Tiles 매개변수의 x와 y)를 명시하게 된다.

Animation 매개변수는 두 가지 옵션 중 하나를 선택할 수 있게 해주는데, 시트 전체의 이미지를 사용하거나 한 개의 열 이미지를 활용할 수 있다. 후자는 Random Row 매개변수를 활용할 수 있게 하므로, 텍스처에서 임의로 줄 하나를 선택할 수 있게 된다. 우리의 경우는 한 열에 다섯 개의 폭포 이미지들이 줄로 나열돼 있으므로 상당히 잘 작용하게 된다. 문제의 텍스처는 128×512 사이즈이므로 우리가 Tiles 매개변수에 y는 5, x는 1의 값을 배정한 것이다. 그러면 유니티에서 단일 이미지의 디폴트 사이즈는 128×128 픽셀이며 y 축을 따라서 다섯 개가 있다고 결론을 내린다.

Waterfall의 경우에는 실제로 아무것도 애니메이션하지 않고, 단순히 텍스처 시트의 무작위 이미지를 가지고 다양성을 만들어낸다. 하지만 이미 텍스처 시트가 있다면 곡선이나 정수를 통해 Frame over Time 매개변수로 애니메이션을 컨트롤할 수 있다.

마지막 매개변수인 Cycle은 Start Lifetime 및 Frame over Time 매개변수와 합쳐져 파티클의 라이프타임 동안 애니메이션이 몇 번 재생될지 명시하며, 애니메이션 속도를 컨트롤하게 해준다.

코인 파티클

실용적인 예로, 다음 그림처럼 궤짝을 열 때 돈이 쏟아져 나오는 파티클 시스템을 만들어보길 바란다.

이 파티클 효과를 생성하는 데 필요한 모든 것은 Chapter 9 ➤ CoinParticle로 가면 찾을 수 있다.

이제, Play 모드로 들어가서 스페이스바를 누르면 바로 궤짝이 열리는 애니메이션이 재생되고, 그 순간 파티클 시스템이 공중으로 동전들을 뿜어내면 중력에 의해 동전들이 곧 떨어지면서 바닥을 굴러가는 것이다.

이런 파티클 효과를 생성하는 데 필요한 파티클 시스템 모듈들의 목록은 다음과 같다.

1. **Emission**: 이 모듈은 동전들이 쏟아져야 하므로 당연한 선택이다.

2. **Shape**: 이 모듈은 이전 것과 똑같으며, 원천과 방향을 적절하게 설정해야 한다.

3. **Rotation by Speed**: 이 모듈은 전에 짚어보지 않았는데, 사용하기는 간단하다. 모듈 내부에 있는 **Speed Range**를 기준으로 파티클의 각속도$^{angular velocity}$를 변경한다.

4. **Collision**: 이 모듈은 굴러가는 효과를 달성하게 해준다. 콜리전을 World로 변경하면 동전들은 바닥에 충돌하게 된다. 충돌에 반응하는 방식은 Dampen과 Bounce 매개변수에 의해 컨트롤된다.

5. **Renderer**: 이 모듈에서 변경해야 할 것은 동전을 쏟아내는 데 쓰이는 매터리얼뿐이다.

이 다섯 개의 모듈이면 충분하다. 조정을 마친 후에는 이제 다음 과정만 처리하면 된다.

1. OpenChest.cs라는 스크립트를 찾아서 씬의 Chest 게임오브젝트에 컴포넌트로 배정한다(끌어다 놓거나 Add Component > Scripts > Open Chest로 간다).

2. 이 스크립트에는 Coin Particle이라는 매개변수가 하나 있는데, 여기에 파티클 시스템을 끌어다 놓는다.

이제 Play 모드로 가서 스페이스바를 누르고 파티클 시스템을 테스트할 수 있다.

요약

유니티의 파티클 시스템은 다양한 종류의 파티클 효과를 생성해 코딩 없이도 즉석에서 멋진 결과를 제작할 수 있는 아주 강력한 도구다. 처음에는 헷갈릴 수 있지만, 무엇이 필요한지 알아내고 나면, 구상하는 어떤 효과든 만들어내기 위해 어떤 매개변수들을 조정해야 하는지 쉽게 파악할 수 있다. 한 가지 기억해둬야 할 점은 한 번에 하나씩만 매개변수를 조정해 뒤죽박죽이 되지 않도록 하는 것이다.

유니티의 스탠다드 애셋에는 레벨에 사용하거나 직접 만들어낼 방법을 파악하기 위해 역공학reverse engineering을 통해 활용할 수 있는 자주 쓰이는 파티클 시스템들이 충분히 들어있다.

그럼 다음 장에서는 출시하기 전에 레벨을 더욱 향상시킬 여러 가지 방법들을 알아보자.

10

최종 편집과 빌드

이제 레벨 생성이 거의 끝나가므로, 더 나은 사용자 경험을 위해 제공되는 유니티의 몇 가지 기능에 대해 이야기할 때가 됐다.

이 장에서는 다음 주제를 다룬다.

- 리지드바디
- 가능한 품질 세팅
- 키 설정
- 씬 설정
- 레벨 로딩과 스트리밍
- 레벨 퍼블리싱

이 장에서 살펴볼 대부분의 기능은 독립 개발자들에게 유니티가 강력한 엔진으로 손꼽히면서 인기를 끈 비결이다. 일상적인 기능을 위해 바로 사용할 수 있는 이런 솔루션들은 매우 유용하며 개발 중 많은 시간을 아낄 수 있게 해주지만, 만병 통치약은 아니다. 효과적인 프레젠테이션과 최적화를 위해서는 몇 가지를 더 다듬어야 한다.

리지드바디

이제 우리 캐릭터를 완성하고, 환경을 감안해 이리저리 이동시켜볼 때가 됐다. 그러려면 물리에 의존해야 하는데, 정확히 말하면 게임오브젝트가 물리 법칙을 따를 수 있도록 해주는 리지드바디라는 컴포넌트가 필요하다.

지금은 임포트해 5장, '유니티로 캐릭터 가져오기'와 6장, '고급 애니메이션을 위한 메카님 이용'에서 애니메이션을 설정한 캐릭터가 주위 환경의 장애물들을 무시하고 유령처럼 벽을 통과해 걸어간다. 리지드바디가 어떻게 작용하는지 보여주기 위해, 우리 캐릭터가 자연스럽게 행동하고 환경에 적절히 반응하도록 함으로써 이 문제를 제거해본다. 이를 위해서는 네 단계를 거쳐야 하며, 각 단계를 마칠 때마다 Play 모드에서 캐릭터를 테스트해 차이점을 직접 점검해보길 권한다.

1. 씬 창에서 로봇 게임오브젝트에 **Rigidbody** 컴포넌트를 부착한다(Add Component ➤ Physics ➤ Rigidbody). 이러면 중력이 우리 캐릭터 모델에 영향을 미치게 된다.

2. 캐릭터 애니메이션에 사용한 모든 애니메이션 클립에 **Root Transform Position (Y)** 하위에 있는 **Bake into pose** 매개변수를 체크한다. 이러면 해당 애니메이션이 캐릭터의 Y 변형을 컨트롤하지 않고 물리에 의해 위아래로 갈 수 있게 허용된다.

3. 캡슐^{Capsule} 콜라이더를 로봇 게임오브젝트에 추가한다. 이러면 우리 캐릭터가 지면 아래로 떨어지는 일이 방지된다. 로봇의 실루엣과 가능한 한 가깝게 매치되도록 적절히 설정해야만 한다. 콜리전 계산을 시작할 때 이는 매우 중요하다.

4. **Freeze Rotation** 매개변수(X, Y, Z) 세 박스를 모두 체크한다. 이러면 캐릭터가 이동할 때 쓰러지는 일이 방지된다. 이 시점에서 모든 로봇의 회전은 애니메이션과 스크립트에 의해 컨트롤된다.

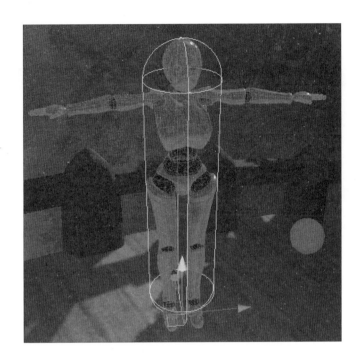

로봇을 Play 모드에서 테스트해보면 Rigidbody 컴포넌트를 추가해도 우리 캐릭터의 행동 양식은 변하지 않는다는 사실이 드러날 것이다. 보통은 그렇지 않다. 리지드바디가 추가된 오브젝트는 중력의 영향을 받아 지면으로 떨어지게 된다. 하지만 우리 캐릭터는 애니메이션을 재생하고 있기 때문에 중력의 영향을 덮어 쓰므로 공중에 떠 있는 것이다.

애니메이션을 포즈pose로 베이크하면 오브젝트의 변형에 영향을 주지 않는다. 따라서 중력이 로봇에 영향을 미쳐 떨어지도록 만든다.

물리 법칙의 영향을 받는 것은 좋지만, 지면을 뚫고 떨어진다면 곤란하다. 왜 이런 일이 발생하며, 리지드바디가 왜 모든 것을 막아주지 않는 것일까? 여기서 문제는 리지드바디가 로봇이 다른 오브젝트와 충돌하는 것을 모른다는 점이다. 2장, '프롭 가져오기와 환경 설정'의 콜라이더에 대한 설명에서, 콜라이더들이 서로 교차할 때 이를 등록하기 위해 존재하는 것이라고 설명했다. 리지드바디는 이 정보를 읽어 게임오브젝트에 교차가 일어날 때 어떻게 반응해야 하는지 알려준다. 이 경우에는 충돌하게 만든다.

리지드바디의 매개변수들은 다음과 같다.

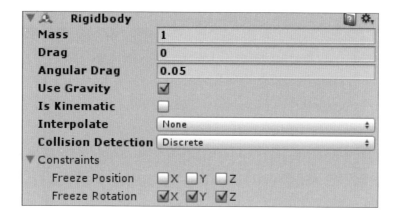

- Mass: 오브젝트의 양을 결정해 물리적 속성을 평가할 수 있게 한다.

- Drag와 Angular Drag: 리지드바디의 계수들을 드래그한다. 0일 때는 제동이 일어
나지 않는다.

- Use Gravity: 게임오브젝트가 중력에 영향을 받도록 만든다. 중력의 힘은 Edit ➤
Project Settings ➤ Physics에서 설정할 수 있다.

- Is Kinematic: 이 박스를 체크하면 게임오브젝트가 물리 엔진에 의해 작동하는 것
을 멈춘다. 이는 리지드바디를 부착한 목적에 상반되는 것처럼 들릴 수도 있다.
하지만 그렇지 않으며, 여기에는 적어도 세 가지 이유가 있다.

  ○ 게임오브젝트를 (코드를 통한) 변형으로 움직일 때 충돌 체크가 가능해진다.

  ○ 리지드바디 컴포넌트는 다소 성능을 많이 소요하며, 키네마틱으로 만드는 편
  이 훨씬 가볍다.

  ○ 리지드바디는 트리거에 의해 감지할 수 있다. 여기에는 설명이 좀 필요하다.

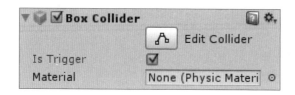

트리거는 Is Trigger 매개변수로 활성화되는 콜라이더인데, 게임오브젝트가 들어오고 나서 거기에 머물거나 떠나는 것을 감지하는 영역이 된다. 트리거는 말 그대로 레벨의 거의 모든 코드를 트리거하는 데 쓰이므로 레벨 디자인에서는 매우 유용한 요소다. 하지만 트리거 영역에서 감지되려면 게임오브젝트에 리지드바디가 부착돼 있어야 한다는 한 가지 조건이 따른다.

- Interpolate: 리지드바디의 움직임이 튈 경우 전환을 부드럽게 처리하는 데 이용된다.

- Collision Detection: 간단히 설명하자면 선택된 객체들에 대해 충돌 감지를 강화해주는 방법이다. 빠르게 이동하는 총알같이 가끔은 감지하지 못하고 통과해야 하는 오브젝트를 처리할 때 매우 유용하다.

- Constraints: 이 박스들을 체크하면 게임오브젝트가 특정 축을 따라 해석되거나 회전하는 일을 막아준다. 로봇으로 돌아가보자. 캡슐 콜라이더를 부착하면 물리 엔진이 캡슐만을 보게 된다. 캡슐은 매우 불안정한 오브젝트며 무언가와 충돌할 때 단지 굴러가버리게 하기도 한다. 로봇에서 이런 것을 보고 싶지는 않으므로 축에 제약을 걸어서 로봇이 늘 똑바로 서 있도록 하는 것이다.

이제 캐릭터가 최종적으로 완성돼 풍경에 맞춰 제대로 움직이고 작은 장애물은 넘어갈 수도 있다.

프로젝트 설정

레벨을 퍼블리싱하기 전에 시간을 내서 필요에 따라 세팅을 설정할 필요가 있다. 이 절에서는 상단 메뉴의 Edit > Project Settings 밑에 있는 세팅 Input과 Quality를 살펴보자.

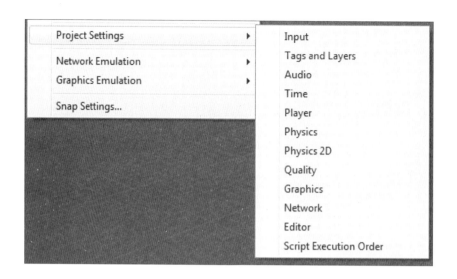

Input을 먼저 살펴본다. 사운드와 마찬가지로 입력은 레벨에서 사용할 수 있는 모든 키 설정을 제약한다.

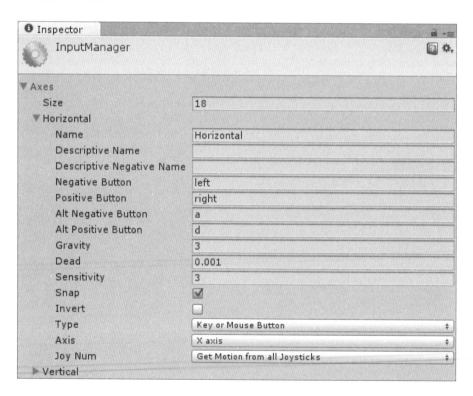

유니티의 다른 요소와 마찬가지로, 슬롯 수는 Size 매개변수에 의해 컨트롤된다. 디폴트로 유니티에는 18개의 키가 배정돼 출시되며, 이후 원하는 대로 변경할 수 있다.

제대로 키를 설정하려면 다음 환경 설정을 따른다.

- **Name**: 당연하게도, 버튼의 이름을 정해준다. 하지만 버튼의 이름을 정할 때는 몇 가지 고려해야 할 점이 있다. 우선, 프로그래머들은 코드 입력 시 Name을 참고할 것이므로(플레이어들이 버튼 설정을 쉽게 바꿀 수 있게 하려면 그래야 한다.) 버튼 이름을 개발 도중에 바꾸면 일부 스크립트가 망가질 수 있다. 따라서 사전에 적절한 이름에 서로 동의해둬야 한다.

- **Descriptive Name, Descriptive Negative Name**: 유니티 플레이어^{Unity Player}의 Input 창에서 플레이어들에게 표시될 이름의 입력 값이다. Descriptive Name을 변경해도 코드가 망가지지는 않으며, 아무 때나 설정해도 된다.

- **Positive Button**: 어떤 버튼이 이 입력에 배정됐는지를 결정한다. 작동하려면 키 이름을 수동으로 타이핑해야 하므로 조금 불편하기는 하다.

 키에 적절한 이름을 찾아보려면 유니티 문서 http://docs.unity3d.com/Documentation//docs.unity3d.com/Documentation/를 찾아보자. 컨트롤러는 구글에서 유니티 컨트롤러 레이아웃을 찾아보면 된다.

- **Negative Button**: 한 가지 액션의 정반대 액션이 있을 때 사용한다. 주로 이동 컨트롤, 즉 오른쪽으로 걸어가기는 양성 입력이고 왼쪽으로 걸어가기는 음성 입력이 되는 식이다. 플레이어는 이 두 옵션을 키 설정 메뉴에서 Horizontal(+)와 Horizontal(−)로 보게 된다.

- **Alt Positive Button**과 **Alt Negative Button**: 보조적 입력 변이에 쓰인다. 이렇게 하면 키보드와 조이스틱의 키들을 이 입력에 배정할 수 있다.

- **Sensitivity**와 **Gravity**: 입력의 민감도를 결정한다. 민감도 옵션은 유니티가 입력 값을 받고 몇 초 안에 트리거 최대치에 도달하는지를, 중력은 얼마나 빠르게 다시 0으로 돌아오는지를 결정한다. 이동 같은 것에서는 상당히 낮은 게 좋고, 총 발사 등은 빨라야 한다.

- Dead: 조이스틱 등 아날로그 입력 장치에 사용되는 아날로그 데드존^{deadzone}의 크기다.
- Snap: 양성 및 음성 입력을 설정해뒀다면 부드럽게 전환되도록 해주는 아주 유용한 체크박스다. 반대 버튼을 누르면 입력 값을 0으로 돌리고, 그로부터 Gravity가 영향을 주지 않도록 한다.
- Invert: 양성 입력을 음성으로 변경한다.
- Type: 등록된 입력 종류를 결정한다. Key and Mouse Button은 버튼을 누르는 데, Mouse Movement는 마우스 위치 변경에, Scrollwheel or Joystick Axis는 조이스틱에 이용된다.
- Axis: 조이스틱이나 스크롤 휠(Mouse Movement Type을 이용할 경우)에 사용되는 축을 결정한다. Axis를 선택하면 입력이 조이스틱 축으로 읽히므로 Positive Button이나 Negative Button을 명시할 필요가 없다.
- Joy Num: 어떤 조이스틱을 입력의 레퍼런스로 쓸지 명시하게 해준다. 말할 나위도 없이, 상황에 따라 달리 선택해야 하는 옵션이다.

디폴트로 플레이어들은 유니티에서 게임을 런칭할 때 드롭다운 메뉴의 옵션 중 하나를 선택해 다양한 품질 설정을 조절할 수 있다. 이 옵션은 Edit ➤ Project settings ➤ Quality로 가서 목록화하고 수정할 수 있다.

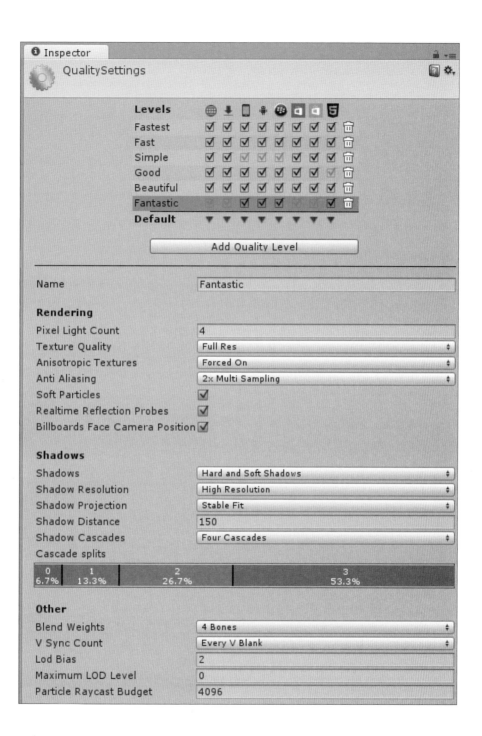

Quality 창에서는 게임의 설정 목록을 만들고 Rendering, Shadows, Other 옵션 설정을
이에 맞춰 커스터마이즈할 수 있다(기본적으로 프리셋이다).

씬 설정

아름다운 레벨 하나를 만들어내는 것은 멋진 일이지만, 하나 이상이 있을 때는 어떻
게 될까? 어떻게 이들을 연결해 플레이어가 모두를 보도록 만들 수 있을까? 이 과정
은 사실 상당히 간단하며 직접 해야 하는 작업은 그리 많지 않다. 어떤 종류의 레벨
로딩이든 다 코딩을 통해 처리된다. 하지만 그렇다 해도 처리해야 할 것들이 조금은
있다.

이미 눈치챘겠지만, 유니티에서 레벨들은 씬으로 표현되고 개발 과정에서 많은 씬들
이 쌓이게 되며, 그중 어떤 것은 최종 게임에서 보고 싶겠지만 나머지는 테스트나 프
로토타입 용도로만 존재하게 된다. 불필요한 애셋들이 최종 빌드에 추가되는 일을 피
하기 위해 포함될 씬들을 목록화해야 한다.

그러려면 상단 메뉴에서 File ➤ Build Settings…로 간다.

지금은 창의 상단에만 관심이 있지만, 나중에 돌아와서 나머지 옵션들에 대해서도 다
뤄본다. Scenes in Build는 현재의 게임 빌드에 넣고 싶은 씬의 목록이며, 다양한 릴리
스를 위해 관리할 수 있다. 여기에서 할 수 있는 몇 가지 일들이 있다.

- 목록에 씬을 추가하기 위해서는 유니티에서 씬을 열고, **Build Settings** 창에 있는 **Add Current** 버튼을 누르기만 하면 된다.
- 빌드에서 씬을 빼려면 씬 왼쪽에 있는 박스를 체크 해제한다.
- 목록에서 씬을 제거하려면 씬을 선택한 다음 Delete 키를 누른다.

이것뿐이라면 Scenes in Build 창은 픽 쓸모없는 것이다. 이 창의 주목적은 코드에서 참조하는 데 쓰이게끔 정수의 씬들을 배정하는 것이다. 이후의 모든 씬 번호는 점점 커진다. 번호를 바꾸려면 목록에서 위아래로 끌어다 놓아서 씬의 순서를 바꿔야 한다. 단순하면서도 상당히 효율적인 방식이다.

레벨에서 레벨로 이동하는 예를 시험해보려면 다음과 같이 한다.

1. 생성한 레벨로 가서 목록에 추가한다.
2. Chapter 10 폴더에서 Chapter_10_Scene 폴더를 열고 이것도 목록에 추가한다.
3. 다시 레벨로 돌아가서, Level_Exit 프리팹을 씬으로 끌어다 놓는다(Chapter 10 폴더에서 찾을 수 있다).
4. 캐릭터가 걸어서 닿을 수 있도록 위치를 잡는다.

두 레벨의 체크박스들이 체크됐는지 확인하고 Scenes In Build 창에서 다음 스크린샷에 보이는 것처럼 올바른 번호가 배정됐는지 확인한다.

이제 모든 것이 설정됐으니, 레벨 로딩을 테스트할 수 있다.

레벨 로딩과 스트리밍

유니티에서 레벨은 네 가지 방식으로 로딩될 수 있다.

- 로딩: 현재 씬의 모든 오브젝트를 파괴하고 새로운 것을 로딩 화면에 로딩한다. 아니면 이전 레벨에서 파괴하고 싶지 않은 오브젝트를 코드로 명시할 수도 있다.

- 추가 로딩: 일반적인 로딩과는 다르게, 이전 레벨에 있던 오브젝트들을 파괴하지 않고 새로운 오브젝트들을 추가한다.
- 비동기 로딩: 배경에서 레벨들을 로딩해, 동시에 게임을 플레이하거나 로딩 화면으로 사용하게 해준다.
- 추가 비동기 로딩: 비동기 로딩과 똑같은 방식으로 작동하지만, 이전 레벨에 있던 오브젝트들을 보존한다.

차이는 크지 않지만, 원하는 게임플레이 유형을 기준으로 레벨을 빌드하는 방식을 바꿀 수 있는 것이다.

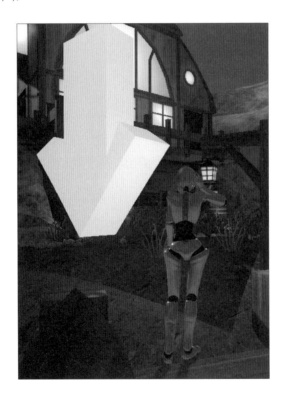

레벨 로딩이 어떻게 작동하는지 테스트하려면 캐릭터를 이전에 놓았던 Level_Exit 프리팹으로 이동시키자. 정상적인 로딩이 시작될 것이다.

레벨 로딩의 한계

레벨 로딩의 가장 큰 한계는 실시간 글로벌 일루미네이션에서 비롯된다. 7장, '월드 라이팅'에서 실시간 GI가 제대로 런타임에서 구동하려면 사전 연산이 필요하며, 이는 절차적으로 생성된 레벨을 추구할 때는 달성될 수 없음을 확인한 것을 기억하는가?

이미 존재하는 레벨에 항목을 더 추가하려 하면 비슷한 이슈에 부딪치게 된다. 해결 책은 라이트맵을 베이크한 후 추가하고자 하는 항목들을 비활성화하는 것이다.

마지막으로, 여러 번 재사용되는 일련의 환경으로 끝없는 러너 타입 게임을 만들 때 의 모듈화 레벨 생성이 있다. 이때에는 다른 모듈 간의 이음매를 숨기는 것이 난제다.

레벨 퍼블리싱

마침내 결승점에 도달했다. 레벨을 독립형 애플리케이션으로 퍼블리싱해 릴리스하는 과정은 Build Settings 창에서 이뤄진다.

처음 창을 띄우면 디폴트 플랫폼은 PC, Mac & Linux Standalone 옵션으로 설정돼 있다. 플랫폼을 변경하려면 오른쪽의 Target Platform 드롭다운 메뉴에서 변경하거나(윈도우, 맥, 리눅스의 옵션) 오른쪽 목록에서 원하는 플랫폼을 선택하고 Switch Platform 버튼을 클릭한다. 레벨에 원하는 플랫폼을 설정하고 나면, 해당 플랫폼에서 지원하지 않는 것을 활용하려 할 때마다 유니티에서 경고를 띄운다.

Player Settings... 버튼을 클릭하면 개발자 정보 추가나 커스텀 아이콘, 스플래시 스크린, 커서, 플랫폼에 따른 전용 설정 등 게임의 환경 설정을 도와주는 세팅들을 열어준다.

하지만 그중 어느 것도 변경하지 않고 디폴트 세팅으로 가겠다. 이제 남은 일은 다음과 같다.

1. Build and Run 버튼을 누른다.

2. 빌드할 디렉터리를 선택한다.

3. 실행 파일의 이름을 짓는다.

4. 완료한 레벨을 친구들에게 자랑한다(실행 파일이 담긴 데이터 폴더를 지참하지 않으면 통하지 않으니 주의한다).

이제 끝났다! 이제 공식적으로 레벨이 준비됐다.

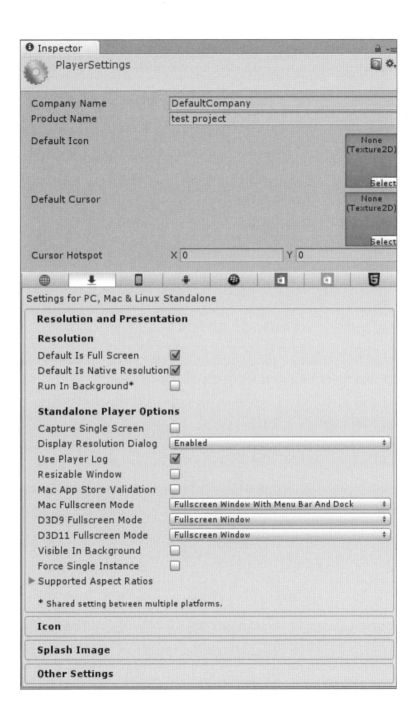

요약

이제 우리 레벨의 개발이 끝났다. 유니티에서 멀티 플랫폼 퍼블리싱은 정말 간단하다. 현재 유니티는 21가지 플랫폼을 지원하며, 그중 일부는 바로 적용되고 일부는 추가 모듈과 서드파티 SDK(콘솔)가 있어야 퍼블리싱할 수 있다.

입력 키 설정, 품질 설정, 퍼블리싱 같은 즉시 사용할 수 있는 솔루션은 매우 유용하지만 일반적이므로, 원하는 사항에 더 잘 맞추려면 개발자들이 많은 부분을 다시 만들어야 한다. 하지만 이런 불편은 개발의 마지막 단계에서 일어나고, 개발 중에는 여전히 이런 기성 기능의 혜택을 받을 수 있으며 특히 멀티 플랫폼용 레벨이라면 더욱 그렇다.

이 책을 끝까지 따라와준 점에 감사한다! 책에서 소개한 튜토리얼을 따라 할 수 있었길 바라며, 선택적 과제도 시험해봤다면 이제 유니티 사용이 편하게 느껴질 것이다. 이 책에서 배운 것은 유니티에서 제공하는 모든 기능에 비하면 빙산의 일각일 뿐이며, 유니티 테크놀로지스는 주기적으로 새로운 기능을 내놓고 있기 때문에 이 마지막 페이지를 읽고 있을 쯤에는 작업 파이프라인을 한결 단순화해줄 새로운 기능을 릴리스할지도 모를 일이다. 어쨌든 그날이 올 때까지는 계속 연구하고 실험하며, 유니티로 즐거운 작업을 할 수 있길 바란다.

찾아보기

에이콘출판의 기틀을 마련하신 故 정완재 선생님 (1935-2004)

유니티 게임 레벨 디자인

유니티 5로 만드는 멋진 3D 게임 월드

인 쇄 | 2016년 11월 23일
발 행 | 2016년 11월 30일

지은이 | 블로디미르 게라시모프
옮긴이 | 고 은 혜

펴낸이 | 권 성 준
편집장 | 황 영 주
편 집 | 나 수 지
디자인 | 이 승 미

에이콘출판주식회사
서울특별시 양천구 국회대로 287 (목동 802-7) 2층 (07967)
전화 02-2653-7600, 팩스 02-2653-0433
www.acornpub.co.kr / editor@acornpub.co.kr

한국어판 ⓒ 에이콘출판주식회사, 2016, Printed in Korea.
ISBN 978-89-6077-933-4
ISBN 978-89-6077-210-6 (세트)
http://www.acornpub.co.kr/book/building-levels-unity

이 도서의 국립중앙도서관 출판시도서목록(CIP)은 서지정보유통지원시스템 홈페이지(http://seoji.nl.go.kr)와
국가자료공동목록시스템(http://www.nl.go.kr/kolisnet)에서 이용하실 수 있습니다.(CIP제어번호: CIP2016028258)

책값은 뒤표지에 있습니다.